CONTENTS

INTRODUÇÃO

Parabéns por adquirir este livro! Você acaba de dar um passo importante para conquistar a sua liberdade financeira. Nele, você encontrará um conteúdo valioso e prático para aprender a investir de forma inteligente e segura, em renda fixa e renda variável. Descobrirá como montar uma carteira diversificada e adequada ao seu perfil e aos seus objetivos, e como aproveitar as melhores oportunidades do mercado. Também aprenderá a lidar com os aspectos psicológicos dos investimentos, e como desenvolver uma mentalidade positiva que te ajude a alcançar o sucesso. Este livro é um guia completo para você se tornar um investidor inteligente e feliz. Prepare-se para embarcar em uma jornada de aprendizado, crescimento e prosperidade.

Pode parecer algo complexo, e muitas pessoas pensam coisas como: só investirei quando tiver mais dinheiro ou tempo, isso é coisa de gente rica ou isso não é para mim. Posso te garantir uma coisa, não é um bicho de sete cabeças e depois que der o primeiro passo, você vai se perguntar por que não começou antes, no longo prazo os juros compostos realizam verdadeiras maravilhas.

Esse assunto é considerado complexo para as maiorias das pessoas porque falta o conhecimento do todo. Não adianta tentar entender o que é um tipo de investimento se não entender como funciona a engrenagem para ele chegar até você. É como você querer fazer um gol sem entender sobre as regras do futebol, sem entender sobre posicionamento ou fundamentos de chutes. Sem esses conhecimentos, você achará o esporte chato e complicado.

Investir é uma das melhores maneiras de assegurar o seu futuro financeiro e alcançar os seus sonhos. Mas como descobrir quais são os melhores investimentos para o seu perfil e objetivos? Como criar uma carteira diversificada e reduzir os riscos? Como acompanhar o mercado e efetuar as melhores decisões?

Você aprenderá tudo o que precisa saber sobre investimentos.

Entenderá o que são, como funcionam, quais são as vantagens e desvantagens, e como aplicar o seu dinheiro de forma inteligente e rentável. Para construir o seu aprendizado de maneira sólida, exploraremos o autoconhecimento, processos de decisões e passaremos por diversos conceitos que farão você finalmente assimilar tudo o que é importante, de maneira natural.

Este livro é destinado tanto para quem está começando a investir quanto para quem já tem experiência com investimentos. Você encontrará conceitos básicos e avançados, dicas práticas e exemplos reais. Ao final dessa leitura, você terá uma visão ampla e atualizada sobre o mundo dos investimentos, poderá participar de qualquer conversa sobre investimentos e estará preparado para montar a sua própria estratégia conforme o seu perfil de risco, horizonte de tempo e expectativa de retorno.

Antes de falarmos sobre os tipos de investimentos, vamos no passo a passo, revisaremos alguns princípios de economia e aspectos psicológicos importantes. Tudo ficará mais fácil, você verá.

O livro se divide em três partes, na primeira, apresentaremos alguns conceitos fundamentais e aspectos psicológicos que vão te ajudar a conquistar a liberdade financeira. Na parte II, trataremos da renda fixa, você saberá os principais tipos de investimentos. Por último, temos a parte III, que você aprenderá tudo sobre renda variável.

Se prepare para uma nova relação com o seu dinheiro.

Te desejo uma ótima leitura e te aguardo no final desse livro.

Não cometa os mesmos erros

Em meados de 2008, cursava o segundo ano da faculdade, na Universidade Estadual de Londrina. Em uma das minhas viagens entre São Paulo e Londrina, fui em uma livraria do aeroporto procurar um livro para me entreter durante o voo e um título me chamou muito a atenção, não lembro o nome certo, mas era sobre como investir na bolsa de valores. Comprei, e li quase todo durante a viagem, cheguei em Londrina com uma enorme vontade de aplicar o novo conhecimento.

No outro dia já fui em uma corretora e abri a minha conta, pedi ajuda para alguns amigos que cursavam Economia e já atuavam na área, e comecei a seguir o mercado. Naquele tempo a visualização e o acesso a informações não era fácil, mas logo achei tudo muito interessante.

Certa vez, notei que a ação da Petrobras havia caído bastante e pensei: agora é a hora! Transferi todas minhas economias para a corretora, o valor total era R$ 3.000,00, lembro do frio na barriga que senti, mas resolvi arriscar. No dia seguinte, me senti o investidor profissional, as ações começaram a subir e fiquei muito feliz. Mal sabia o tamanho da jornada que viria pela frente.

Algumas semanas se passaram, e tudo parecia estar bem, estava tendo algum lucro e muito empolgado. Até que certo dia acessei o programa da corretora e verifiquei que meu saldo estava em R$ 2.000,00 negativos, imagina o meu desespero. Pensei ser algum bug e liguei para o meu amigo que trabalhava lá. Ele ficou surpreso e disse ir verificar o que havia ocorrido e me retornaria. Alguns minutos depois, veio a terrível notícia de que eu havia perdido tudo de fato. Segundo ele, um funcionário fez uma operação na minha conta, pediu demissão e ninguém sabia dele.

Após esse primeiro revés, fiquei com receio e me distanciei um pouco dos investimentos, mas, continuei o que eu fazia desde criança, guardar dinheiro sempre. Meus investimentos eram feitos no banco que eu tinha conta, mas rendiam muito pouco, com frequência, marcava com o gerente para me mostrar novas opções, mas ele sempre me dizia para continuar em um CDB horrível que não rendia quase nada.

Foram diversos contratempos no meu objetivo de atingir a liberdade financeira, como emprestar dinheiro e não voltar mais, comprar um apartamento na planta e a construtora falir. Em outra ocasião, tentei investir pela conta da minha mãe que tinha mais opções do que a minha, porém, ela tinha um imóvel alugado que sofreu um processo e teve os bens congelados, e no fim, perdi todas minhas economias novamente.

Em 2018, decidi voltar a investir, dessa vez de forma muito mais séria, abri a conta em outra corretora e comecei a estudar todos os dias, lia livros, vídeos, ligava para a corretora para tirar dúvidas e consumia todo tipo de informação gratuita que estava disponível. No início parece um bicho de sete cabeças e dá um certo desespero por ter pouco conhecimento. Gradualmente, fui comprando alguns fundos, diversificando e quando você coloca o seu dinheiro em risco, é natural que comece a se dedicar mais ao aprendizado. Até que comecei a considerar voltar a investir em ações, já tinha diversificado minha carteira, mas queria algo a mais.

Adquiri algumas ações da Itausa e me apaixonei pela renda variável, eu só pensava nisso, comecei a aprender muito e meus amigos já me pediam conselhos. Muitas pessoas ao meu redor começaram a investir e o ambiente de trabalho, parecia uma corretora. O problema é que tinha que fazer escondido da diretora, que não aprovava muito a ideia. Até meu chefe imediato, sempre que podia, me chamava de lado e me pedia dicas.

Cometi várias falhas, como, apertar o botão errado e vender ao invés de comprar, adquirir ações sem pesquisar, apenas por ouvir serem boas, entre muitas e muitas outras. Porém, encarava essas falhas como parte do processo, como se estivesse fazendo um curso prático. Contudo, se tivesse alguém para me guiar, o caminho seria bem mais simples e curto.

Em 2022, resolvi transformar o meu hobby em minha profissão. Dediquei alguns meses para estudar para uma certificação, foram meses bem intensos de estudos. Percebi o tamanho desse universo e o quanto precisava aprender, mas, ao mesmo tempo, um enorme encanto pela quantidade de coisas que eu poderia explorar melhor.

Logo que fui aprovado, já comecei minha nova jornada profissional em escritórios de assessoria de investimentos. Hoje respiro mercado financeiro quase 24 horas, quando não estou com clientes, estou me atualizando, e muitas vezes também sonho que estou operando. Nem sempre é simples, mas é empolgante demais! Espero que você se entusiasme como eu, ou se isso não acontecer, que pelo menos tenha outra opinião sobre investimentos.

Atualmente faço palestras e decidi escrever esse livro para passar o conhecimento adiante, auxiliar as pessoas a investirem melhor, desenvolverem uma nova relação com o dinheiro e terem uma vida mais próspera e feliz.

LIÇÕES APRENDIDAS

Esses obstáculos me ensinaram três coisas importantes:

- Estude para não depender totalmente de ninguém
- Tenha um assessor ou mentor para te auxiliar
- Tenha paciência, controle a ganância.

Se eu tivesse seguido isso desde o começo, teria otimizado bastante o meu caminho.

Quando iniciei, esses assuntos não eram tão comuns e era muito complicado achar alguém que pudesse me ajudar. Eu ligava para corretora para pedir ajuda, mas eles não eram muito pacientes e muito menos técnicos, qualquer informação a mais, precisavam transferir para outro departamento. Então, procurei me aperfeiçoar ao máximo para aumentar os rendimentos dos meus investimentos e ajudar aqueles que também tinham dificuldades para iniciar ou melhorar o desempenho dos seus investimentos.

"A melhor maneira de medir seu nível de investimento é pelo número e intensidade dos erros que você comete." - Peter Lynch, Batendo o Mercado

PARTE I: PREPARE O TERRENO

"Não trabalhe pelo dinheiro. Deixe o dinheiro trabalhar por você." - Robert Kiyosaki

O primeiro passo para alcançar a liberdade financeira ou, simplesmente, para criar novos hábitos que trarão prosperidade no futuro é começar dando um passo de cada vez, acerte o seu psicológico, aprenda conceitos e estude sobre investimentos.

Quando comecei a estudar sobre investimentos, tinha muita ansiedade por aprender tudo rápido e colocar em prática. Isso só gera frustração. Não negligencie aprender os conceitos básicos de economia antes de começar a investir. Comece pequeno para testar seus novos conhecimentos, treine muito para ter disciplina, isso é uma das coisas mais importantes para um investidor de sucesso e quando você menos esperar, já saberá muito mais que a maioria das pessoas ao seu redor.

1. POR QUE INVESTIR?

"A maioria dos investidores quer fazer hoje o que deveriam ter feito ontem." - Larry Summers, citado em A Jogada do Século

Começaremos nossa jornada com essa pergunta, afinal de contas, por que devemos investir? É preciso concordar que, inicialmente, isso não é uma tarefa simples. Poucas coisas são mais prazerosas e fáceis de serem executadas do que gastar todo o dinheiro que ganhamos. Assim como na nossa alimentação, não é gostoso sair comendo tudo o que da vontade sem pensar nas consequências? Com certeza é.

O grande problema é que elas chegam, e o ônus de ambos os casos serão grandes no futuro.

Como seres humanos tendemos a preferir as coisas que nos trazem o prazer a curto prazo, porém, as coisas que mais nos beneficiam são as que trazem uma dor no curto prazo e um benefício no longo prazo. Todo mundo deseja subir no pódio com uma medalha de ouro no peito e ser respeitado por todo mundo, mas será que todos estão dispostos a seguir uma rotina de treinamentos exaustivos e uma vida de renúncias? Grande parte das pessoas deseja ter um corpo invejável para desfilar na praia no verão, mas será que todos estão dispostos e seguir um rotina de treinos, dieta balanceada e uma vida regrada? A dor de ir para academia quando você está com preguiça é enorme, mas te trará benefícios no longo prazo. A dor de você guardar dinheiro e investir quando deseja comprar diversas coisas, exige uma enorme disciplina, mas te trará muito benefícios no longo prazo.

Sempre ouvimos muitas pessoas dizerem: aproveito agora, vai que morro amanhã! Isso é um grande conforto interno que elas usam para fugirem da culpa de não conseguirem ser disciplinadas e escaparem dessa dor do curto prazo, afinal de contas, sabemos que a chance de você não morrer amanhã é bem maior, não é mesmo? Se isso não ocorrer, como será sua colheita no futuro? Provavelmente haverá um arrependimento, mas o tempo já terá passado.

"O risco vem de não saber o que você está fazendo." - Warren Buffett, citado em "Investimentos: os Segredos de George Soros e Warren Buffett"

1.1 Tudo são escolhas

Fazer o mesmo que a média faz é confortável, não precisa pensar muito e não tem muitos riscos, mas e o resultado disso? Você quer colher resultados medíocres? Se quiser, está tudo certo. O problema é fazer coisas medianas que a maioria das pessoas faz e esperar resultados grandiosos, ai que vem a frustração.

Se escolheu ter um futuro grandioso, suas escolhes precisam ser condizentes com isso. Se escolheu ter um corpo melhor, sua escolha não pode ser em comer todos aqueles doces no coffee break, não pode ser começar a treinar só na próxima segunda-feira que nunca chega. Caso escolher alcançar a liberdade financeira, você precisa seguir o caminho da disciplina e renunciar a coisas que você sabe que não te ajudarão a chegar lá.

Para fugir da média e ter resultados grandiosos, comece agora a fazer as escolhas certas, o tempo é escasso e você não pode desperdiçá-lo.

"O que cada um de nós faz com aquilo que ganha determina se seremos ricos ou pobres. Se você não reservar uma parte de sua renda para si mesmo e deixá-la trabalhar para você, se gastar tudo o que ganha, estará condenado a uma vida de pobreza e trabalho duro."

Esse trecho faz parte do diálogo entre Arkad e Bansir, um fabricante de carruagens que desejava saber o segredo da riqueza.

Arkad explica que a primeira lei da riqueza é separar uma décima parte de tudo o que se ganha e investir esse dinheiro de forma sábia e segura, fazendo-o multiplicar-se. Ele também alerta que gastar tudo o que se ganha é um hábito de pessoas ignorantes e tolas, que nunca alcançarão a prosperidade.

O livro O Homem mais Rico da Babilônia é uma obra clássica de George S. Clason, publicada originalmente em 1926. É considerado um dos melhores livros de finanças pessoais já escritos e já vendeu milhões de exemplares em todo o mundo.

Esse é um livro antigo, mas com um conceito extremamente atual. Há diversos conceitos e estratégias de quanto e como você deve guardar dinheiro, mas a ideia principal é simplesmente, fazer. Se só puder guardar 5% do que ganha, ótimo, faça isso. Se você pode guardar 90% do que ganha, que acredito que não seja a realidade de quase ninguém, mas seria excelente, sua liberdade financeira, com certeza chegaria bem mais rápido.

1.2 Disciplina

Disciplina é a capacidade de fazer o que é necessário, mesmo que não seja o que se deseja. É um atributo essencial para quem quer alcançar seus objetivos e realizar seus sonhos. Segundo Bernardinho, ex-técnico das seleções brasileiras de vôlei, que conquistou mais de 30 títulos importantes em sua carreira: "A disciplina é a ponte entre o sonho grande e a realização" e "A disciplina é dizer não para o que você gostaria de fazer e dizer sim para o que você tem que fazer".

O disciplinado sempre vence o apenas talentoso, nascer em uma família rica não depende de você, ter tido educação financeira quando jovem, não depende você. Ter uma família que tenha network, não depende de você. O que depende de você é se esforçar mais, dar aquele algo a mais, fazer de qualquer maneira, mesmo que seja um pouquinho por dia. É ir para academia naquele dia chuvoso, é deixar de comer em excesso aquele alimento que não te faz bem, é guardar dinheiro mesmo com tantas opções de gastá-lo, é correr atrás com as ferramentas, que são inúmeras, que você tem, para você chegar aonde deseja.

Muitas pessoas se confortam com desculpas, como: não tenho tempo, dia x começarei, meus pais não me ensinaram, quando eu resolver tal pendência, começarei, etc. Mas quero ver oferecer R$ 500.000 para elas chegarem em um lugar a 100 km de distância, mesmo sem carro, posso garantir, que todos darão um jeito de chegar.

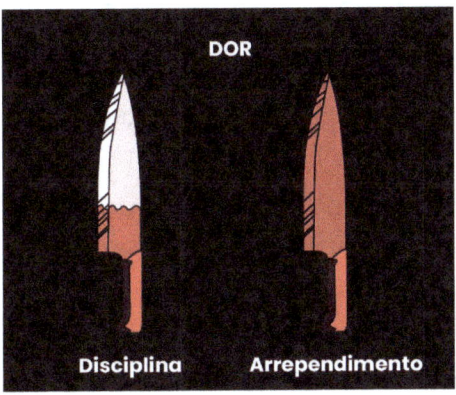

1.3 Escolhas fáceis, consequências difíceis

Você já se pegou fazendo escolhas fáceis no seu dia a dia, mas que acabaram prejudicando o seu futuro? Por exemplo, você já deixou de ir à academia naquele dia que você não estava afim, mas depois se arrependeu de não ter mantido a sua rotina de exercícios? Ou você já comeu aquele doce que estava na sua frente, mas depois se sentiu culpado por sair da sua dieta? Já gastou todo o seu dinheiro em coisas supérfluas, mas depois se viu sem reservas para uma emergência?

Se respondeu, sim, a alguma dessas perguntas, saiba que você não está sozinho. Muitas pessoas fazem escolhas fáceis no curto prazo, mas que trazem consequências difíceis no longo prazo. Elas são baseadas na gratificação imediata, na busca pelo prazer e na fuga da dor. São tentadoras e confortáveis, mas também, perigosas e irresponsáveis.

Por outro lado, existem as escolhas difíceis no curto prazo, mas benéficas no longo prazo. Essas escolhas são baseadas na disciplina, na responsabilidade e na visão de futuro. Elas exigem esforço e sacrifício, mas também geram recompensas e satisfação.

Por exemplo, ir à academia naquele dia que você está sem ânimo é difícil, mas o resultado disso será bom para a sua saúde, para a sua autoestima e para o seu bem-estar. Se alimentar de forma saudável e equilibrada é difícil, mas o resultado disso será bom para o seu corpo, para a sua mente e para a sua qualidade de vida. Guardar dinheiro e investir é difícil, mas o resultado disso será bom para a sua segurança, para a sua liberdade e para os seus sonhos.

O que você prefere: escolhas fáceis ou escolhas difíceis? O que você quer para o seu futuro: dificuldades ou benefícios? A resposta parece óbvia, mas nem sempre é fácil colocá-la em prática.

Para você ter um futuro mais fácil, sempre opte pela escolha difícil no curto prazo. Afinal de contas, quem treina duro, joga fácil.

1.4 Novos hábitos

Criar novos hábitos pode ser uma forma de melhorar a qualidade de vida, alcançar objetivos e realizar sonhos. No entanto, muitas vezes enfrentamos dificuldades para mudar nossos comportamentos e manter uma rotina saudável.

Se você quer criar o hábito de guardar dinheiro e investir, você pode usar as estratégias dos livros: O Poder do Hábito, de Charles Duhigg, e Mini Hábitos, de Stephen Guise.

O Poder do Hábito explica que os hábitos são formados por um ciclo composto por três elementos: a deixa, a rotina e a recompensa. A deixa é o estímulo que dispara o hábito; a rotina é a ação que realizamos; e a recompensa é o benefício que obtemos.

Para criar novos hábitos, Duhigg sugere que devemos identificar as deixas e as recompensas dos hábitos que queremos mudar ou adquirir, e substituir as rotinas por outras mais adequadas aos nossos objetivos.

Já o livro Mini Hábitos propõe uma estratégia diferente para criar novos hábitos: em vez de estabelecer metas grandes e ambiciosas, que exigem muita motivação e esforço, devemos definir metas pequenas e fáceis de cumprir, que exigem pouca motivação e esforço. Essas metas são os mini hábitos, os quais são versões reduzidas dos hábitos que queremos formar.Os mini hábitos funcionam porque são simples demais para falhar; porque geram uma sensação de sucesso e confiança; porque podem levar a fazer mais do que o mínimo estabelecido; porque se tornam automáticos com o tempo; e porque produzem resultados significativos no longo prazo. Para criar mini hábitos, Guise recomenda que devamos escolher um ou poucos mini hábitos por vez; que devemos fazê-los todos os dias; que devemos anotar os nossos progressos; e que devemos celebrar as nossas conquistas.

Primeiro, você precisa identificar a deixa, a rotina e a recompensa do hábito que você quer mudar ou adquirir. Por exemplo, se você quer guardar dinheiro, você pode ter a seguinte deixa: receber o salário; a seguinte rotina: gastar todo o dinheiro com compras e contas; e a seguinte recompensa: sentir satisfação e segurança. Para mudar esse hábito, você pode manter a mesma deixa e a mesma recompensa, mas trocar a rotina por outra que também te dê satisfação e segurança, como guardar uma parte do dinheiro para investir.

Depois, você pode definir um mini hábito que seja fácil de cumprir e que te leve ao seu objetivo de guardar dinheiro e investir. Por exemplo, se você quer investir R$ 500 por mês, você pode começar com um mini hábito de investir R$ 10 por dia. Esse mini hábito é simples demais para falhar; vai te dar uma sensação de sucesso e confiança; pode te motivar a investir mais do que o mínimo estabelecido; vai se tornar automático com o tempo; e produzirá resultados significativos no longo prazo.

1.5 Micro decisões

Em um primeiro momento, elas passam completamente despercebidas e parecem inofensivas e irrelevantes, porém, no longo prazo você verá claramente o resultado delas. São como pequenas sementes de uma enorme árvore que você semeia e cuida delas para florescerem no futuro.

São decisões como: Será que subo de escada ou escada rolante? Como esse alimento que sei que não me agregará em nada ou não? Vou me exercitar ou tomarei uma cerveja? Irei de carro ou a pé? Guardo esse dinheiro para investir ou compro qualquer besteira para me satisfazer agora?

Obviamente o prazer e o resultado momentâneo são mais fáceis de serem mensurados, mas quando consegue tomar boas micro decisões, você está cuidando do seu futuro e começara a enxergar a diferença dos seus resultados quando comparados com pessoas que não o fizeram. Por isso, se atente no seu dia a dia.

1.6 O que é ser feliz?

Ser feliz é algo que varia de pessoa para pessoa, e de fato, as possíveis respostas para essa questão podem ser inúmeras. Eu me identifico muito com a definição que Naval apresenta no livro: O almanaque de Naval Ravikant. Ele esclarece que a felicidade consiste em não desejar muitas coisas porque o desejo é uma fonte de sofrimento. Ele diz que o desejo é uma forma de dizer que você não está satisfeito com o que tem e que você precisa de algo mais para ser feliz. O desejo é uma armadilha que te mantém preso em um ciclo de insatisfação e frustração.

Naval Ravikant sugere que a forma de escapar do desejo é praticar a gratidão, a aceitação e o desapego. Ele diz que a gratidão é reconhecer e apreciar o que você tem, a aceitação é estar em harmonia com o que acontece, e o desapego é não se identificar ou se apegar aos objetos, às pessoas ou aos resultados. Essas práticas te ajudam a ser feliz com o que é, sem precisar de mais nada.

Penso que a felicidade depende de você estar em paz. Quando sua mente está ansiosa por coisas que virão, angustiada por coisas que ocorrerão ou arrependida por coisas que ocorreram, paz é algo que você não possui e, portanto, também não terá felicidade.

1.7 Por que ganhar dinheiro?

Se para ser feliz, é necessário ter paz, o que te traz paz?

Ser obrigado a trabalhar diariamente mesmo naqueles dias que você não está nada disposto te traz paz?

Saber que talvez no mês que vem suas contas superem o seu salário te traz paz?

Pensar que você ou seus familiares não possuem um bom plano de saúde e que se acontecer algum problema de saúde você não terá saída te traz paz?

Não poder colocar os seus filhos em boas escolas te traz paz?

Trabalhar todos os dias para receber um salário já comprometido te traz paz?

Ser obrigado a fazer algo que você não gosta porque precisa do dinheiro te traz paz?

Se, assim como para mim, você não fica em paz com a maioria das perguntas acima, investir para atingir a liberdade financeira é um excelente caminho para atingir a felicidade. Dinheiro, de fato, não traz felicidade, mas ele resolve muito problemas que sem ele seria impossível de resolvê-los.

Você não precisa pensar em ser tão rico a ponto de andar com um carro ultra caro ou de sair ostentando por aí. Se pensar dessa maneira, provavelmente vai se desanimar no meio do caminho.

Aquele discurso que é só querer que conseguirá todas as coisas que desejar, não se aplica a todas as pessoas. Por exemplo, você que não é muito favorecido na altura, pode treinar a vida inteira que provavelmente não será um jogador profissional de basquete. Mas e se pensar em ser rico o suficiente para não ser escravo do trabalho, para ter tempo de aproveitar a sua vida da maneira que preferir, para escolher o que deseja fazer, para não precisar se preocupar com os boletos que estão para vencer. Isso, sim, é alcançável! Sejamos honestos, não é fácil! Mas, com planejamento e disciplina, tenho certeza que se quiser muito, chegará lá!

Muitos assuntos que você lerá aqui adiante, para alguns, não serão tão prazerosos, mas se quiser chegar lá, será necessário entender pelo menos o básico. Se esforce, vá até o final e não desista antes de colher os frutos das sementes que está jogando na terra.

2. LIBERDADE FINANCEIRA

"Não economize o que sobra depois de gastar; gaste o que sobra depois de economizar." - Warren Buffett, citado em O Tao de Warren Buffett

Liberdade financeira nada mais é do que você ganhar na renda passiva mais do que os seus custos. Ou seja, isso depende muito de pessoa para pessoa. Se o seu custo mensal é de R$10.000,00 e a renda passiva te rende esse valor, você terá conquistado a liberdade financeira. Caso seu custo mensal seja de R$1.500,00 e sua renda passiva de R$1.500,00, também pode considerar que já chegou lá. Percebe o quanto isso é subjetivo? A liberdade financeira depende muito dos seus custos e do que você almeja. O que tem que ficar claro para você, é que ela é alcançável, você só precisa de planejamento e disciplina.

"Se você não encontrar um jeito de ganhar dinheiro enquanto dorme, você vai trabalhar até morrer." Warren Buffett

Quando serei considerado rico

E para ser rico, o que preciso fazer? Para conseguir esse título, você precisa ter de rendimento de renda passiva o dobro do seu custo mensal. Se o seu custo é de R$ 5.000,00 mensais, quando você receber R$ 10.000,00 de renda passiva, já pode se considerar rico. Se planeja aumentar o custo de vida, será necessário aumentar também a sua renda passiva.

Renda passiva

É o valor que você ganha sem precisar trabalhar ativamente para isso, é fazer o seu dinheiro trabalhar para você, ao invés do contrário que estamos acostumados a fazer. Por exemplo, se você investe em ações que pagam dividendos, você recebe uma parte do lucro da empresa periodicamente, sem precisar vender as suas ações. Quando vendemos nosso tempo em troca de uma remuneração, não geramos renda passiva, isso depende completamente do seu esforço, nesse caso você está trabalhando para o dinheiro e se parar de trabalhar, ficará sem ele. Na renda passiva, você esta acumulando dinheiro enquanto dorme ou até enquanto está de férias na praia.

Juros compostos

Eles diferem dos juros simples, calculados sempre sobre o valor inicial investido. Os juros compostos são calculados sobre o valor atualizado, ou seja, sobre o valor inicial mais os rendimentos acumulados até aquele momento. Isso faz com que os investimentos cresçam mais rápido ao longo do tempo, por serem rendimentos sobre rendimentos. Para entender melhor, vejamos um exemplo: suponha que você tenha R$ 1000,00 para investir e que você encontre uma aplicação que rende 10% ao mês de juros compostos. Veja como ficaria o seu saldo após cada mês:

mês 1: R$ 1000,00 + 10% de R$ 1000,00 = R$ 1100,00

Mês 2: R$ 1100,00 + 10% de R$ 1100,00 = R$ 1210,00

Mês 3: R$ 1210,00 + 10% de R$ 1210,00 = R$ 1331,00

Mês 4: R$ 1331,00 + 10% de R$ 1331,00 = R$ 1464,10

Mês 5: R$ 1464,10 + 10% de R$ 1464,10 = R$ 1610,51

Mês 6: R$ 1610,51 + 10% de R$ 1610,51 = R$ 1771,56.

Comprar ativos e evitar passivos

Comprar ativos e evitar passivos é uma estratégia financeira que visa aumentar a riqueza e a independência financeira. Um ativo é um bem que gera renda ou valoriza ao longo do tempo, enquanto um passivo é uma despesa que consome o dinheiro e não tem potencial de retorno financeiro. Por exemplo, um imóvel que você aluga para outra pessoa é um ativo, ao gerar uma renda mensal para você. Já um imóvel que você compra para morar é um passivo, por gerar despesas como IPTU, condomínio e manutenção. A ideia de comprar ativos e evitar passivos é baseada na mentalidade de pessoas ricas, que usam o seu dinheiro para adquirir bens que geram mais dinheiro para elas. Assim, elas criam uma fonte de renda passiva, que não depende do seu trabalho ativo.

Comprar ativos e evitar passivos é uma forma de fazer o dinheiro trabalhar para você, em vez de você trabalhar pelo dinheiro. É uma forma de construir um patrimônio sólido e duradouro, que pode garantir uma vida mais tranquila e próspera.

Sempre tenha em mente se o que você ta comprando vai te trazer renda ou um gasto a mais. Se você for um colecionador de passivos, pode ter certeza que está no caminho da dificuldade financeira.

Há muitos bens que podem ser as duas coisas, dependendo do uso que você fará deles. Como no exemplo do imóvel citado acima. Um carro é outro exemplo, se o comprar considerando o uso para te trazer renda com aplicativos, será um ativo, caso seja apenas para o seu uso do dia a dia, será considerado um passivo.

Alguns exemplos de ativos são:

- Imóveis que geram aluguel
- Ações que pagam dividendos
- Fundos imobiliários que distribuem rendimentos
- Títulos públicos que pagam juros semestrais
- Livros, músicas ou patentes que geram royalties
- Cursos online ou e-books que geram vendas

Alguns exemplos de passivos são:

- Imóveis que geram despesas como IPTU, condomínio e manutenção
- Carros que geram despesas como IPVA, seguro e combustível
- Empréstimos ou financiamentos que geram juros e parcelas
- Assinaturas de serviços que não são usados com frequência
- Roupas, sapatos ou eletrônicos que perdem valor com o tempo

Para reforçar a ideia, veja um trecho do clássico livro: Pai rico, pai pobre

O que os Ricos Ensinam a Seus Filhos Sobre Dinheiro, de Robert Kiyosaki e Sharon Lechter: "A diferença entre as pessoas ricas e as pessoas pobres não é o quanto elas ganham, mas o quanto elas gastam. As pessoas ricas compram ativos que geram renda para elas. As pessoas pobres compram passivos que geram despesas para elas."

Não guarde dinheiro no cofrinho ou na poupança

Guardar dinheiro no cofrinho ou na poupança pode parecer uma forma segura e simples de economizar, mas não é a mais rentável. Isso porque essas opções não acompanham a inflação, ou seja, o aumento dos preços dos produtos e serviços. Com o tempo, o dinheiro guardado nessas modalidades perde poder de compra e vale menos.

Ao longo do livro, você aprenderá diversas maneiras de fazer o seu dinheiro render acima da inflação.

Como guardar mais e gastar menos

Segundo um estudo psicológico chamado Prospect Theory, publicado em 1979, as perdas têm um impacto emocional maior do que os ganhos equivalentes. Isso significa que a dor de perder dinheiro é maior do que a alegria de ganhá-lo. Portanto, uma estratégia que uso para me colocar nessa armadilha, é a seguinte: tudo que cai na minha conta, transfiro direto para algum cdb com liquidez diária, aquele que você pode sacar a qualquer momento. Desse montante, eu separo uma parte que não sairá mais de lá, posteriormente transfiro para outros investimentos, e o restante deixo para pagamentos em geral. Isso faz com que toda vez que você for gastar com besteiras, sinta uma enorme dor ao tirar do seu investimento que já está te rentabilizando e fazendo seu dinheiro trabalhar para você.

11 Estratégias para alcançar a liberdade financeira

1. Reorganize sua forma de pensar

Evite cair na armadilha de esperar ganhar mais dinheiro para investir, quanto mais se ganha, mais se gasta. Não subestime o começar com pouco. Lembre-se, primeiro se pague, depois as contas. Nada pode ser mais importante do que investir em você mesmo para o seu futuro ser mais fácil que o seu presente.

2. Mentalize e visualize o quão longe você quer chegar

Defina metas claras e específicas para o seu futuro, e imagine como será a sua vida quando você as realizar.

3. Crie seus próprios truques mentais

Use técnicas de persuasão e motivação para se manter focado e disciplinado. Crie suas regras, por exemplo: Não gastar mais de R$ 50,00 em um almoço ou não gastar mais de R$ 200 em uma roupa

4. Viva como se fosse um milionário em segredo

Adote um estilo de vida simples, evitando ostentação, desperdício e consumismo. Muitos milionários vivem de maneira muito simples e chegaram lá por saberem economizar. Invista o seu dinheiro em ativos que geram renda, e não em passivos que geram despesas.

5. Saiba quanto dinheiro entra e sai do seu fluxo de caixa

Controle as suas finanças, registrando todas as suas receitas e despesas, e analisando o seu orçamento. Corte os gastos desnecessários e aumente seu patrimonio.

6. Faça o seu melhor para sair de todas as dívidas inadimplentes

Elimine as suas dívidas que cobram juros altos, como cartão de crédito, cheque especial e empréstimos. Negocie com os credores, renegocie os prazos e as taxas, e pague as parcelas em dia.

7. Aumente sua renda

Busque formas de ganhar mais dinheiro, seja pedindo um aumento, buscando uma promoção, mudando de emprego, fazendo um bico, vendendo algo, ou criando um negócio próprio.

8. Considere educar-se constantemente

Invista no seu conhecimento e nas suas habilidades, seja lendo livros, fazendo cursos, assistindo vídeos, ouvindo podcasts, ou participando de eventos. Aprenda sobre finanças, investimentos, empreendedorismo, e outros temas que possam te ajudar a crescer.

9. Disciplina

A disciplina é fundamental para o sucesso em qualquer área da vida, ao permitir que as pessoas se organizem, estabeleçam prioridades e se mantenham focadas em seus objetivos. A disciplina é um hábito que pode ser desenvolvido e aprimorado ao longo do tempo, sem ela, você não terá constância e será pouco provável que você alcance o lugar que almeja.

10. Entre no flow

Se seguir todas as dicas, você entrará no flow, é um estado mental atingido após muita concentração e dedicação. Isso te proporcionará prazer, energia e alta performance.

Pode ser alcançado ao ter um objetivo claro e um desafio adequado. Ao entrar nesse estado, tudo ficará mais fácil, as coisas vão acontecendo sem você nem perceber.

11. Focar somente no seu progresso sem se comparar

A última dica é uma das mais importantes, lembre se que esse desafio é entre você e você mesmo. É injusto a comparação com outras pessoas que começaram de um ponto diferente do seu, de outro meio social e com outras oportunidades. Portanto, compare apenas o seu progresso e vá no seu tempo. Na prática, não é tão simples de se executar, mas ao conseguir, você terá um progresso enorme.

3. MACROECONOMIA

"O segredo do sucesso financeiro é gastar menos do que você ganha e investir a diferença." - Napoleon Hill

A ntes de começarmos a falar de investimentos, é fundamental você aprender alguns conceitos, te garanto que entender sobre investimento ficará muito mais simples quando passar por eles primeiro. Começaremos falando sobre macroeconomia.

Ela é a parte da economia que estuda o comportamento e o desempenho de grandes grupos ou conjuntos econômicos, como os países, as regiões, os setores ou o mundo inteiro. A macro analisa como esses grupos se relacionam entre si e como afetam a produção, o consumo, o emprego, a renda, os preços, os juros, a moeda, o comércio e as finanças.

A macroeconomia ajuda a entender como funciona a economia em geral e quais são os problemas e os desafios que ela enfrenta. Por exemplo, ela explica por que há crises econômicas, inflação, desemprego, desigualdade, pobreza, endividamento, déficit público, etc. Também propõe soluções para esses problemas, usando ferramentas como as políticas monetária, fiscal e cambial.

Os investimentos são influenciados por ela porque afeta as expectativas e as decisões dos agentes econômicos, como os consumidores, os produtores, os investidores, os governos e os bancos. Por exemplo, se a macroeconomia indica haver um cenário de crescimento econômico, isso pode estimular o consumo e o investimento produtivo. Por outro lado, se indicar que há um cenário de recessão econômica, isso pode desestimular o consumo e o investimento produtivo.

Outro ponto que devemos nos atentar é que afeta as variáveis econômicas que determinam a rentabilidade e o risco dos ativos financeiros. Se houver indicadores apontando para aumento da taxa de juros, isso pode beneficiar os investimentos em renda fixa e prejudicar os investimentos em renda variável. Por outro lado, se a macroeconomia indica haver uma queda da taxa de juros, isso pode beneficiar os investimentos em renda variável e prejudicar os investimentos em renda fixa.

Selic

A Selic é a taxa básica de juros da economia brasileira. Ela serve de referência para outras taxas de juros cobradas nos empréstimos, financiamentos e investimentos. A Selic influencia o custo do crédito, a rentabilidade das aplicações financeiras e o controle da inflação.

Tem esse nome devido ao Sistema Especial de Liquidação e de Custódia (Selic), o qual é um sistema administrado pelo Banco Central onde são negociados títulos públicos federais. É a taxa média das operações de empréstimos de um dia entre os bancos que usam esses títulos como garantia, é chamada de Selic.

A Selic é definida pelo Comitê de Política Monetária (Copom) do Banco Central, que se reúne a cada 45 dias para decidir se aumenta, diminui ou mantém a taxa. Ele tem uma meta de inflação para cada ano e usa a Selic como um instrumento para tentar alcançar essa meta.

Quando a inflação está alta ou acima da meta, o Copom pode aumentar a Selic para encarecer o crédito, desestimular o consumo e reduzir a demanda por bens e serviços. Quando a inflação está baixa ou abaixo da meta, pode diminuir a Selic para baratear o crédito, estimular o consumo e aumentar a demanda por bens e serviços.

A Selic não representa exatamente os juros que você paga ou recebe nas suas operações financeiras, pois esses juros são muito mais altos e dependem de outros fatores, como risco, prazo, impostos e lucro dos bancos. Mas a Selic afeta esses juros indiretamente, pois quanto maior a Selic, maior tende a ser o custo do dinheiro no mercado.

Imagine que a Selic é como o preço da água em uma cidade. A água é essencial para a vida das pessoas e dos negócios, assim como o dinheiro é essencial para a economia. O preço da água é definido pela prefeitura, com uma meta de consumo de água para cada ano. O preço do dinheiro é definido pelo Banco Central, com uma meta de inflação para cada ano.

Quando o consumo de água está alto ou acima da meta, a prefeitura pode aumentar o preço da água para desencorajar o desperdício, economizar os recursos hídricos e evitar a escassez. Se o consumo de água está baixo ou abaixo da meta, a prefeitura pode diminuir o preço da água para incentivar o uso racional, estimular as atividades econômicas e evitar o excesso.

Já se a inflação está alta ou acima da meta, o Banco Central pode aumentar a Selic para encarecer o crédito, desestimular o consumo e reduzir a demanda por bens e serviços. Quando a inflação está baixa ou abaixo da meta, o Banco Central pode diminuir a Selic para baratear o crédito, estimular o consumo e aumentar a demanda por bens e serviços.

O preço da água não representa exatamente o custo que você tem com a água na sua casa ou no seu negócio, pois esse custo depende de outros fatores, como tarifas, impostos e lucro das empresas de saneamento. O preço da água interfere indiretamente, uma vez que, quanto maior o valor da água, maior o valor da sua conta no final do mês.

Ela não representa exatamente os juros que você paga ou recebe nas suas operações financeiras, pois esses juros dependem de outros fatores, como risco, prazo, impostos e lucro dos bancos. Mas a Selic afeta esses juros indiretamente, pois quanto maior a Selic, maior tende a ser o custo do dinheiro no mercado.

É usada pelo Banco Central para controlar o volume de dinheiro disponível no mercado porque ela afeta a oferta e a demanda por crédito. Quando a Selic aumenta, o crédito fica mais caro e as pessoas e as empresas tendem a pegar menos empréstimos. Isso reduz o volume de dinheiro circulando na economia. Quando a Selic diminui, o crédito fica mais barato e as pessoas e as empresas tendem a pegar mais empréstimos. Isso aumenta o volume de dinheiro circulando na economia.

O volume de dinheiro disponível no mercado tem impacto na inflação, o qual é o aumento geral dos preços dos bens e serviços. Quando há muito dinheiro circulando na economia, a demanda por bens e serviços aumenta e os preços tendem a subir. Isso gera inflação. Quando há pouco dinheiro circulando na economia, a demanda por bens e serviços diminui e os preços tendem a cair. Isso gera deflação.

A taxa Selic é calculada a partir da média ponderada das taxas de juros das operações de empréstimo entre os bancos que usam títulos públicos federais como garantia

Inflação

Inflação é o aumento dos preços de produtos e serviços em um período. Ela significa que o dinheiro está perdendo valor e que você precisa de mais dinheiro para comprar as mesmas coisas que comprava antes.

Por exemplo, se um quilo de arroz custava R$ 5,00 no ano passado e agora custa R$ 6,00, isso significa que houve inflação do arroz de 20% em um ano. Isso também significa que o seu dinheiro vale menos agora do que valia antes, pois com R$ 5,00 você não consegue mais comprar um quilo de arroz.

A inflação é medida pelos índices de preços, os quais são cálculos que mostram quanto os preços estão subindo ou descendo em média. Existem vários índices de preços no Brasil, o principal é o Índice Nacional de Preços ao Consumidor Amplo (IPCA), usado pelo governo para definir a meta de inflação.

Ela afeta o seu bolso porque diminui o seu poder de compra e encarece os produtos e serviços que você consome. Também afeta os seus investimentos, ao reduzir a rentabilidade real do seu dinheiro aplicado. Por isso, é importante acompanhar a inflação e escolher investimentos que protejam o seu patrimônio da perda do valor do dinheiro.

Você já pensou alguma vez o porquê o governo simplesmente não imprime mais papel-moeda e injeta no mercado para resolver os problemas?

Imagina que o governo faça isso e coloquei muito dinheiro no mercado para resolver os problemas financeiros da população, e todas as pessoas considerem comprar pães na padaria. O nosso trigo é importado dos Estados Unidos pelo porto de Santos, o problema é que não temos a estrutura de receber esse trigo todo de uma vez, as estradas vão congestionar, e quem tem o produto fará leilão.

Ficou claro porque não adianta simplesmente jogar dinheiro sem mexer na infraestrutura? Temos uma capacidade limitada de produzir esses pães e outros produtos e serviços. Se fugir do ponto de equilíbrio, teremos um enorme problema com a inflação.

IPCA

IPCA é a sigla para Índice Nacional de Preços ao Consumidor Amplo. É um índice que mede a variação de preços de um conjunto de produtos e serviços comercializados no varejo, sendo considerado o indicador oficial da inflação no Brasil. O IPCA aponta a variação do custo de vida médio de famílias com renda mensal de 1 e 40 salários mínimos, é calculado pelo IBGE e divulgado mensalmente.

Esse índice uma forma de medir como os preços dos produtos e serviços que as pessoas compram estão mudando ao longo do tempo. Por exemplo, se o IPCA for de 1% em um mês, isso significa que em média os preços aumentaram 1% nesse período. Se for de -0,5% em outro mês, significa que em média os preços diminuíram 0,5% nesse período.

A análise é feita a partir de uma lista de produtos e serviços que representam o que as famílias brasileiras mais consomem no seu dia a dia. Por exemplo, alimentos, bebidas, moradia, transporte, saúde, educação, comunicação, etc. Cada item tem um peso diferente na cesta, conforme a importância que ele tem no orçamento das famílias. O IBGE define a cesta do IPCA com base na Pesquisa de Orçamentos Familiares (POF), que investiga os hábitos de consumo da população. Essa cesta é atualizada periodicamente para refletir as mudanças nos padrões de consumo.

Relação Selic x inflação

A taxa Selic e a inflação têm uma relação direta, pois a taxa Selic é um dos instrumentos que o Banco Central (BC) usa para controlar a inflação. A inflação é o aumento generalizado e persistente dos preços dos produtos e serviços na economia. Quando a inflação está alta, o poder de compra das pessoas diminui e o dinheiro vale menos. Quando a inflação está baixa, o poder de compra das pessoas aumenta e o dinheiro vale mais.

O BC planeja manter a inflação na meta estabelecida pelo governo, com uma margem de tolerância de 1,5 ponto percentual para mais ou para menos. Para isso, ele usa a taxa Selic como um mecanismo de estímulo ou de desestímulo ao consumo e ao crédito.

Por exemplo, quando a inflação está alta, o BC tende a aumentar a taxa Selic. Isso faz com que os juros cobrados pelos bancos nos empréstimos e financiamentos fiquem mais altos, tornando o crédito mais caro e desestimulando o consumo. Com menos demanda por produtos e serviços, os preços tendem a cair ou a subir menos, reduzindo a inflação. Por outro lado, quando a inflação está baixa, tende a diminuir a taxa Selic. Isso faz com que os juros cobrados pelos bancos nos empréstimos e financiamentos fiquem mais baixos, tornando o crédito mais barato e estimulando o consumo. Com mais demanda por produtos e serviços, os preços tendem a subir ou a subir mais, aumentando a inflação. Portanto, a taxa Selic e a inflação são variáveis que se influenciam mutuamente e que afetam diretamente a economia e os investimentos.

Dilema do Investidor

Todo investidor deseja ter na sua carteira investimentos que tenham: rentabilidade, segurança e liquidez. No entanto, infelizmente isso não é possível. Você só pode ter duas dentre as três características. Isso nos leva a lembrar da importância daquela famosa palavrinha: diversificação. É necessário que você possua investimentos de diferentes tipos para sua carteira ser segura, lucrativa e ter liquidez.

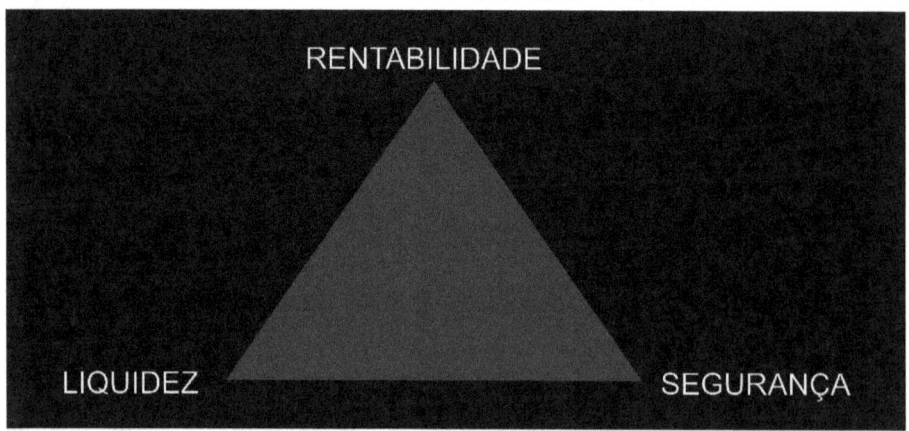

- Segurança + Liquidez = Baixo retorno
- Liquidez + Retorno = Baixa segurança
- Segurança + Retorno = Baixa liquidez

PARTE II: RENDA FIXA

"Não é o que você diz fora de sua boca que determina sua vida, é o que você sussurra para si mesmo que tem mais poder. Você se torna o que você estuda." - Robert Kiyosaki

Quando falamos em renda fixa, sempre estamos falando de um empréstimo que você fará do seu dinheiro

Renda fixa é uma classe de investimento, com regras de rendimento definidas antes do acordo. O investidor empresta dinheiro para instituições, bancos ou governo e recebe de volta com juros. Os juros podem ser pré-fixados, ou seja, combinados na contratação, ou pós-fixados, ou seja, variam de acordo com um índice. A renda fixa é mais previsível que a renda variável.

4. TÍTULOS PÚBLICOS

"Não deixe que o medo de perder seja maior do que a empolgação de ganhar." - Robert Kiyosaki

Os títulos públicos são uma forma de investimento em que você empresta dinheiro ao governo e recebe juros em troca. Eles são emitidos pelo Tesouro Nacional e podem ser comprados por qualquer pessoa através do programa Tesouro Direto.

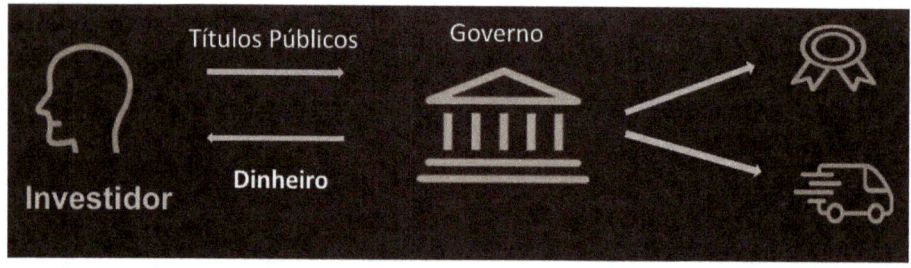

Tipos de títulos públicos

Existem vários tipos de títulos públicos disponíveis para investimento, cada um com suas próprias características e rentabilidades. Alguns dos principais tipos incluem:

- Letras do Tesouro Nacional (LTN): são títulos prefixados com rentabilidade definida no momento da compra. Isso significa que você sabe exatamente quanto receberá de volta ao final do prazo do título.
- Notas do Tesouro Nacional série B (NTN-B): indexados ao IPCA, com rentabilidade real mais juros definidos no momento da compra. Isso significa que eles oferecem proteção contra a inflação, além de uma rentabilidade adicional.
- Notas do Tesouro Nacional série F (NTN-F): prefixados com

juros semestrais. Isso significa que você recebe pagamentos de juros a cada seis meses, além do valor principal no final do prazo do título.

- Letras Financeiras do Tesouro (LFT): pós-fixados indexados à taxa Selic. Isso significa que a rentabilidade desses títulos acompanha a variação da taxa básica de juros da economia.

Investir em títulos públicos pode ser uma ótima opção para quem busca segurança e rentabilidade em seus investimentos. No entanto, é importante lembrar que todo investimento possui riscos e é importante avaliar cuidadosamente suas opções antes de decidir.

Vantagens e riscos dos títulos públicos

Vantagens:

- Segurança: Os títulos públicos são considerados investimentos de baixo risco, ao serem garantidos pelo governo federal.
- Rentabilidade: Oferecem rentabilidades atrativas, especialmente quando comparados a outras opções de investimento de baixo risco.
- Liquidez: Podem ser facilmente vendidos antes do vencimento através do programa Tesouro Direto, o que garante liquidez ao investimento.
- Diversificação: Investir em títulos públicos pode ajudar a diversificar sua carteira de investimentos, reduzindo o risco geral.

Riscos:

- Risco de mercado: Como qualquer investimento, os títulos públicos estão sujeitos às flutuações do mercado. Isso significa que o valor dos títulos pode variar ao longo do tempo, afetando sua rentabilidade.

- Risco de crédito: Embora os títulos públicos sejam garantidos pelo governo federal, ainda existe o risco de calote. No entanto, esse risco é considerado muito baixo.
- Risco de liquidez: Mesmo que eles possam ser facilmente vendidos antes do vencimento, isso pode resultar em perda de rentabilidade se as condições de mercado não forem favoráveis.

É importante avaliar cuidadosamente essas vantagens e riscos antes de decidir investir em títulos públicos. Além disso, é sempre uma boa ideia diversificar seus investimentos para reduzir o risco geral.

Como investir em títulos públicos

Para investir em títulos públicos, o investidor precisa ter uma conta em uma corretora de valores ou em uma instituição financeira autorizada. A compra dos títulos pode ser realizada por meio do Tesouro Direto, que permite a aplicação a partir de valores baixos, facilitando o acesso ao investimento em renda fixa.

Ao investir em títulos públicos, é importante considerar o prazo de vencimento, a taxa de juros oferecida e o objetivo financeiro do investidor. É possível montar uma estratégia diversificada com diferentes tipos de títulos, buscando equilíbrio entre segurança e rentabilidade.

5. TAXA DI

"O dinheiro não traz felicidade, mas acalma os nervos." - Sean O'Casey

Suponha que você é dono de um banco e tem que guardar uma quantia mínima de dinheiro todo dia. Mas acontece que muita gente tirou dinheiro da sua conta e você ficou com menos do que devia. Então, você pega um dinheiro emprestado de outro banco, que está com dinheiro de sobra. Esse empréstimo é só por um dia e você paga um juro por ele. Esse juro é a taxa DI.

Agora suponha que vários bancos fazem isso todo dia, pegando e emprestando dinheiro entre eles. A taxa DI é a média dos juros que eles pagam mutualmente. Essa taxa é importante porque mostra como está o mercado financeiro e também serve para saber quanto rendem alguns investimentos. Por exemplo, se você investe em um título que paga 100% da taxa DI, significa que você ganhará o mesmo que os bancos ganham quando pegam dinheiro emprestado entre eles.

A taxa DI é uma forma de demonstrar os juros pagos por bancos quando fazem empréstimos entre si. Esses empréstimos são de curtíssimo prazo, geralmente de um dia, feitos para os bancos poderem cumprir a regra do Banco Central de não fechar o dia com o caixa negativo. Ela é calculada diariamente pela B3, com base na média ponderada dos juros cobrados nos Certificados de Depósito Interbancário (CDI) emitidos pelos bancos tomadores. Costuma ser muito próxima da taxa Selic, sendo apenas ligeiramente inferior.

Certificados de Depósito Interbancário (CDI)

CDI significa Certificado de Depósito Interbancário. É um título de dívida que os bancos emitem quando fazem empréstimos entre si. Esses empréstimos são de curto prazo, geralmente de um dia, e servem para os bancos poderem ajustar o seu caixa e cumprir a regra do Banco Central de ter um saldo positivo.

Os bancos usam esses certificados como garantia, a média dos juros praticados nas operações de CDI daquele dia, formam a DI. Quando os títulos públicos são usados como garantia, teremos a formação da Selic. Por isso as duas taxas andam tão juntas, normalmente a taxa DI é 0,1% menor que a Selic

Não é um produto destinado para o público, apenas entre os bancos. É um produto equivalente ao CDB, que você conferirá no próximo capítulo, esse, sim, destinado para o público.

6. CERTIFICADOS DE DEPÓSITO BANCÁRIO (CDB)

"O dinheiro é um mestre terrível, mas um excelente servo." - P.T. Barnum, autor de A Arte de Fazer Dinheiro

Os Certificados de Depósito Bancário (CDBs) são títulos emitidos por instituições financeiras para captar recursos. Ao investir em um CDB, o investidor está emprestando seu dinheiro para o banco em troca de uma remuneração pré-acordada. Eles são uma forma popular de investimento em renda fixa no Brasil, oferecendo diferentes prazos, taxas e modalidades.

Na prática, o banco pegará o seu dinheiro emprestado por meio de um CDB, a uma taxa especifica, e emprestará o seu dinheiro para outra pessoa por uma taxa bem maior.

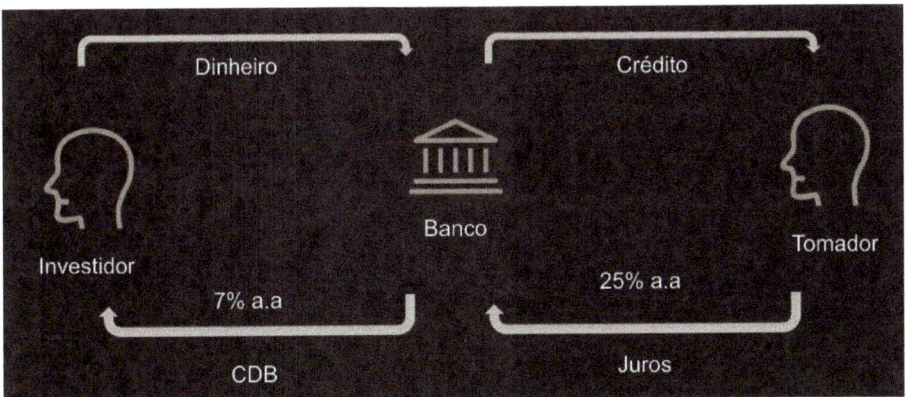

Tipos de CDBs: pré-fixados, pós-fixados e híbridos

Existem diferentes tipos de CDBs disponíveis no mercado. Os pré-fixados oferecem uma taxa de juros fixa estabelecida no momento da aplicação. Isso significa que o investidor sabe exatamente quanto receberá no vencimento do título.

Os pós-fixados estão vinculados a um indexador, geralmente o CDI (Certificado de Depósito Interbancário) ou a taxa Selic. A rentabilidade do título será determinada pela variação desses indexadores ao longo do período de investimento.

Já os híbridos combinam características pré-fixadas e pós-fixadas. Eles oferecem uma taxa fixa mais a variação de algum indexador. Por exemplo, um CDB que paga IPCA + 5%

Vantagens e riscos dos CDBs

Os CDBs apresentam algumas vantagens, como a segurança, por contarem com a proteção do Fundo Garantidor de Créditos (FGC), que garante o ressarcimento em caso de falência da instituição financeira. Além disso, oferecem diferentes prazos e taxas, permitindo ao investidor escolher a opção mais adequada aos seus objetivos financeiros.

No entanto, é importante estar atento aos riscos. Eles estão sujeitos ao risco de crédito, ou seja, a possibilidade de a instituição financeira não cumprir com o pagamento dos juros ou do valor principal na data estabelecida. Por isso, é recomendado investir em instituições sólidas e bem avaliadas.

Como investir em CDBs

Para investir em CDBs, o investidor pode procurar por opções disponíveis em bancos, corretoras de valores ou plataformas online. É importante comparar as taxas oferecidas por diferentes instituições e verificar as condições de resgate antecipado, pois, alguns possuem carência, ou seja, um prazo mínimo antes de permitir o resgate.

Ao investir em CDBs, o investidor deve considerar o prazo de vencimento, a taxa de juros oferecida, a instituição emissora e o valor mínimo de investimento. Diversificar a carteira de investimentos também pode ser uma estratégia interessante, buscando diferentes prazos e modalidades para equilibrar risco e retorno.

É importante lembrar que, assim como qualquer investimento, os rendimentos obtidos estão sujeitos à incidência de imposto de renda, seguindo a tabela regressiva, que varia conforme o prazo de investimento.

7. LETRAS DE CRÉDITO

"O dinheiro é apenas uma ferramenta. Ele vai te levar para onde você quiser, mas não vai te substituir como motorista." - Ayn Rand, autora de A Revolta de Atlas

A letra de crédito é um título de renda fixa emitido por instituições financeiras para captar recursos que serão destinados a setores específicos da economia, como o imobiliário e o agronegócio. Existem dois tipos de letras de crédito: a Letra de Crédito Imobiliário (LCI) e a Letra de Crédito do Agronegócio (LCA). Ambas têm a vantagem de serem isentas de Imposto de Renda (IR) para o investidor pessoa física e de contarem com a proteção do Fundo Garantidor de Crédito (FGC). Por outro lado, elas têm a desvantagem de terem baixa liquidez, ou seja, não podem ser resgatadas facilmente antes do vencimento.

LCI

As Letras de Crédito Imobiliário (LCIs) são consideradas investimentos de renda fixa e lastreadas por créditos imobiliários, como financiamentos habitacionais. Na prática, você empresta o seu dinheiro ao banco por uma taxa especifica, que pegará o seu dinheiro e emprestará, por exemplo, para alguém que deseja financiar um imóvel por uma taxa bem maior.

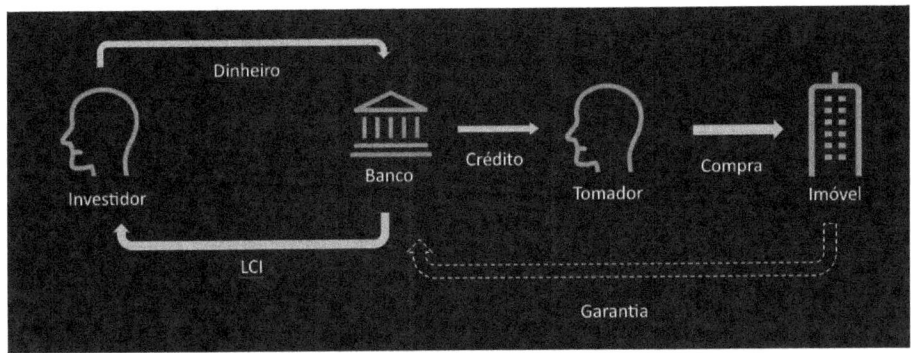

LCA

As Letras de Crédito do Agronegócio (LCAs) são títulos que visam captar recursos para o setor do agronegócio. Diferente das LCIs, aqui o lastro são créditos relacionados ao agronegócio, como financiamentos para produtores rurais.

O fluxo é o mesmo que da LCI, porém, ao invés de emprestar o seu dinheiro para financiar o setor imobiliário, aqui, o empréstimo é para o agronegócio.

Como, por exemplo, para um empresário que deseja comprar novas máquinas e ferramentas agrícolas.

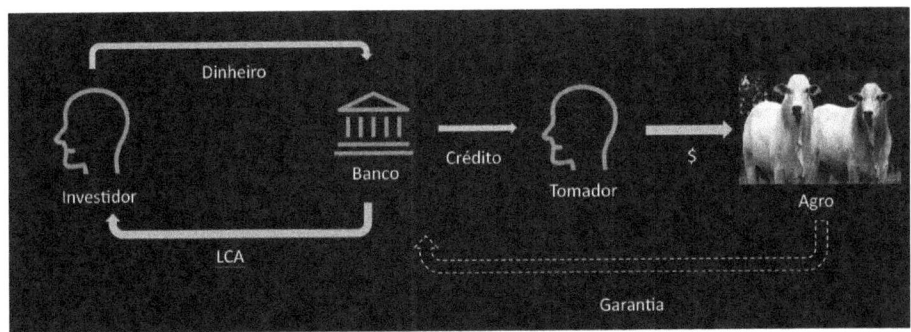

Vantagens e riscos das LCs

- São isentos de imposto de renda (IR) para pessoa física, aumentando a rentabilidade líquida;
- Têm a garantia do Fundo Garantidor de Crédito (FGC) até o limite de R$ 250 mil por CPF e por instituição emissora, o que reduz o risco de crédito;
- Podem ser pré-fixados, pós-fixados ou híbridos, ou seja, podem ter a rentabilidade definida no momento da aplicação, atrelada a um indicador de mercado (como o CDI) ou uma combinação dos dois.

Esse tipo de investimento não tem muitas desvantagens, a única que deve ser considerada, é:

- Têm baixa liquidez, ou seja, não podem ser resgatados facilmente antes do vencimento. Alguns títulos podem ter prazos de até cinco anos, o que exige planejamento do investidor.

Como investir em LCs

As LCs podem ser compradas por meio de bancos, corretoras de valores e plataformas online. O investidor interessado deve analisar as opções disponíveis, comparar as taxas oferecidas e considerar o prazo de investimento.

É importante verificar a instituição emissora do título, pesquise instituições sólidas e com boa reputação no mercado. Diversificar a carteira de investimentos com as letras de créditos é uma ótima estratégia.

8. CERTIFICADOS DE RECEBÍVEIS

"A melhor maneira de prever o futuro é criá-lo." -
Peter Drucker, autor de A Prática da Administração

O certificado de recebíveis (CR) é um título de renda fixa de crédito privado. É emitido por empresas chamadas de securitizadoras, que compram os direitos creditórios de outras empresas que realizaram a antecipação de recebíveis. Os recebíveis são as vendas parceladas, as duplicatas, as notas fiscais e os recebíveis de cartão de crédito que ainda não foram pagos pelos clientes.

Ao emitir um CR, a securitizadora capta recursos no mercado de capitais e oferece aos investidores uma remuneração pelo empréstimo do dinheiro. Essa remuneração pode ser pré-fixada, pós-fixada ou híbrida, e pode ser ajustada por índices de preços, taxas de juros ou outros indicadores de mercado.

CRIs

Os Certificados de Recebíveis Imobiliários (CRIs) representam direitos creditórios originados de recebíveis imobiliários, como aluguéis, vendas de imóveis ou financiamentos imobiliários.

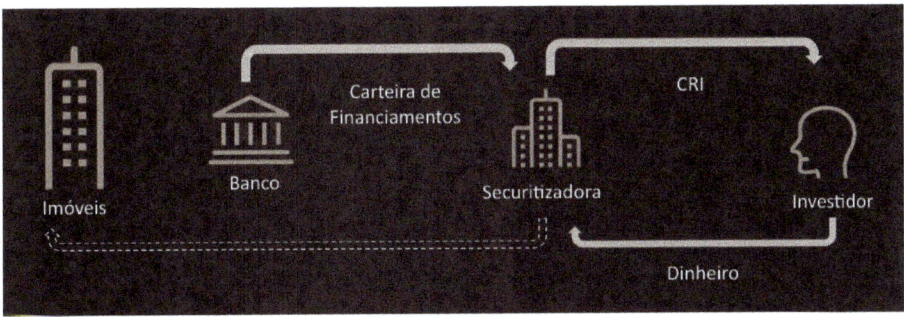

CRAs

Os Certificados de Recebíveis do Agronegócio (CRAs) representam direitos creditórios originados de recebíveis gerados por operações relacionadas ao setor agrícola, como a venda de produtos agropecuários ou agroindustriais.

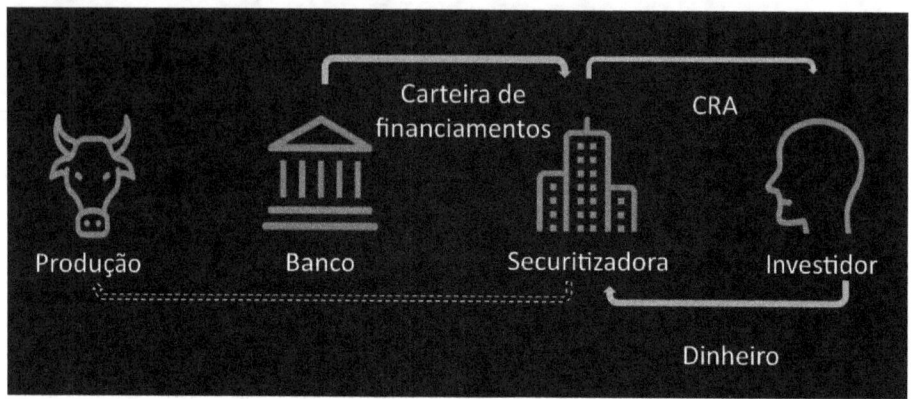

Vantagens e riscos

A grande vantagem de investir em CRI e CRA é haver isenção de imposto de renda para pessoa física e geralmente rentabilidades acima do mercado. É de grande importância fazer uma análise criteriosa no emissor, rating, prazo de vencimento e garantias, pois esse tipo de investimento não é coberto pelo FGC, ou seja, há risco de inadimplência e você pode ter problemas para receber o seu dinheiro.

Como investir

Podem ser adquiridos por meio de agentes financeiros autorizados. Antes de investir, é fundamental fazer uma análise cuidadosa das opções disponíveis. Considere a reputação da empresa emissora, avalie as características do título, como prazo, rentabilidade e fluxo de pagamento dos recebíveis, e verifique a possibilidade de diversificar a carteira com diferentes emissões.

É importante ter consciência dos riscos envolvidos. Faça uma análise detalhada das condições dos mercados imobiliário e agrícola, avalie a qualidade dos recebíveis e analise a solidez da empresa securitizadora. Considere buscar o suporte de profissionais especializados para tomar decisões de investimento mais seguras.

9. DEBÊNTURES

As debêntures são títulos de crédito emitidos por empresas, geralmente de capital aberto, para captar recursos para financiar suas atividades. As debêntures representam uma dívida da empresa perante o investidor, que se torna credor e tem direito a receber juros e o valor investido de volta no vencimento do título.

Tipos de debêntures: simples, conversíveis e incentivadas

Existem diferentes tipos de debêntures disponíveis no mercado:

- Debêntures simples → possuem características mais tradicionais, oferecendo apenas o pagamento de juros e o valor principal no vencimento.
- Debêntures conversíveis → permitem ao investidor converter o valor investido em ações da empresa emissora em determinadas condições preestabelecidas. Essa conversão em ações pode oferecer ao investidor a oportunidade de participar do crescimento e valorização da empresa.

- Debêntures incentivadas → são um tipo específico de debênture que possuem benefícios fiscais associados. Elas são emitidas por empresas que realizam projetos de infraestrutura, como energia, transporte e saneamento básico, e oferecem isenção de Imposto de Renda para investidores pessoa física.

Vantagens e riscos das debêntures

Elas oferecem a oportunidade de diversificar a carteira de investimentos, permitindo o acesso a empresas de diferentes setores e segmentos. Além disso, as debêntures podem oferecer rentabilidades atrativas, muitas vezes superiores às opções de renda fixa mais tradicionais, como os títulos públicos.

No entanto, as debêntures também possuem riscos que devem ser considerados. Os principais riscos estão relacionados à capacidade de pagamento da empresa emissora. É importante analisar a saúde financeira da empresa, sua capacidade de gerar receitas e pagar os juros e o valor principal dos títulos. Outro risco a ser observado é a liquidez das debêntures, pois nem sempre é fácil encontrar compradores no mercado secundário.

Como investir em debêntures

As debêntures podem ser adquiridas por meio de corretoras de valores e instituições financeiras autorizadas. Antes de investir, é fundamental realizar uma análise cuidadosa das opções disponíveis. Considere a reputação da empresa emissora, avalie as características do título, como prazo, taxa de juros e forma de remuneração, e verifique a possibilidade de diversificar a carteira com diferentes emissões.

É fundamental estar ciente dos riscos envolvidos. Faça uma análise criteriosa da empresa emissora, avalie sua saúde financeira e analise as condições do setor em que ela atua. Acompanhe as informações atualizadas sobre a empresa e considere buscar o auxílio de profissionais especializados para tomar decisões de investimento mais informadas.

10. FUNDOS DE RENDA FIXA

"Não coloque todos os ovos na mesma cesta." -
Warren Buffett, autor de A Bola de Neve

Os fundos de renda fixa são veículos de investimento coletivo, nos quais diversos investidores aplicam recursos em uma carteira diversificada de ativos de renda fixa, como títulos públicos, títulos privados, debêntures, entre outros. Esses fundos são geridos por profissionais especializados, que tomam as decisões de investimento em nome dos cotistas.

Tipos de fundos de renda fixa: simples, indexados, crédito privado

Existem diferentes tipos de fundos de renda fixa disponíveis no mercado. Os fundos de renda fixa simples são aqueles que investem principalmente em títulos públicos ou títulos privados de baixo risco, buscando proporcionar estabilidade e liquidez aos investidores.

Os fundos de renda fixa indexados visam acompanhar um indicador de referência, como o CDI (Certificado de Depósito Interbancário) ou o IPCA (Índice Nacional de Preços ao Consumidor Amplo). Eles buscam obter uma rentabilidade próxima à variação desse índice, podendo ser uma opção interessante para investidores que desejam preservar o poder de compra do seu dinheiro ao longo do tempo.

Os fundos de renda fixa crédito privado investem em títulos emitidos por empresas privadas, como debêntures e outros instrumentos de dívida corporativa. Esses fundos buscam obter retornos mais atrativos, geralmente assumindo um pouco mais de risco em comparação aos fundos de renda fixa simples.

Vantagens e riscos dos fundos de renda fixa

Uma grande vantagem, é a diversificação, uma vez que os recursos são alocados em uma carteira de ativos selecionados pelo gestor do fundo. Além disso, os fundos de renda fixa podem contar com a competência de profissionais especializados na gestão dos investimentos, o que pode contribuir para uma melhor performance e redução de riscos.

No entanto, é importante estar ciente dos riscos envolvidos nos fundos de renda fixa. Embora sejam considerados investimentos de baixo risco, eles continuam sujeitos a oscilações de mercado e a riscos de crédito, especialmente no caso dos fundos de renda fixa crédito privado. Além disso, a rentabilidade dos fundos de renda fixa está sujeita a taxas de administração e outros custos, que podem afetar o retorno líquido para o investidor.

Como investir em fundos de renda fixa

Investir em fundos de renda fixa é relativamente simples. Você pode adquirir cotas de um fundo de renda fixa por meio de uma corretora de valores ou de uma instituição financeira autorizada. Antes de investir, é importante analisar o prospecto do fundo, que contém informações sobre sua estratégia, política de investimento, taxas e histórico de rentabilidade.

Considere também os objetivos de investimento, o prazo e o

perfil de risco adequados ao seu perfil. Além disso, verifique a reputação e a solidez da instituição gestora do fundo. Acompanhe regularmente o desempenho do fundo e as informações disponibilizadas pelo gestor.

Lembre-se de que os fundos de renda fixa são investimentos sujeitos a riscos e que a rentabilidade passada não é garantia de rentabilidade futura. Se tiver dúvidas ou necessitar de orientação, procure um profissional especializado, como um assessor de investimentos, para ajudá-lo a tomar decisões de investimento adequadas ao seu perfil e objetivos.

11. DIVERSIFICAÇÃO DA RENDA FIXA

"O investimento mais arriscado é aquele que você não faz." - Robert Kiyosaki

A diversificação é uma estratégia fundamental para reduzir os riscos e aumentar as chances de obter melhores resultados nos investimentos em renda fixa. Através da diversificação, você distribui seu capital entre diferentes tipos de investimentos, classes de ativos, prazos e emissores, para reduzir a exposição a riscos específicos e ampliar as oportunidades de ganhos.

Ao diversificar seus investimentos em renda fixa, você pode se beneficiar das características únicas de cada modalidade. Por exemplo, investir em títulos públicos, como Tesouro Selic, pode oferecer segurança e liquidez, enquanto investir em debêntures pode proporcionar uma maior rentabilidade. Dessa forma, a diversificação permite equilibrar os riscos e as potenciais recompensas dos investimentos.

Como diversificar seus investimentos em renda fixa

Existem várias maneiras de diversificar seus investimentos em renda fixa. Aqui estão algumas estratégias que você pode adotar:

1. Investir em diferentes tipos de ativos: além dos títulos públicos, explore outras opções, como CDBs, LCIs, LCAs, CRIs, CRAs, debêntures, fundos de renda fixa, entre outros. Cada tipo de ativo tem características próprias, oferecendo diferentes níveis de risco e retorno.
2. Diversificar emissores: opte por investir em títulos emitidos

45

por diferentes instituições financeiras, empresas e entidades governamentais. Isso reduz a exposição a riscos específicos associados a um único emissor.

3. Considerar diferentes prazos: distribua seus investimentos em títulos com vencimentos curtos, médios e longos. Isso permite aproveitar as oportunidades de ganhos em diferentes cenários econômicos e gerenciar a liquidez da sua carteira.

4. Avaliar a classificação de risco: Verifique as classificações de risco dos títulos antes de investir. Diversificar entre títulos com diferentes classificações pode ajudar a equilibrar os riscos.

5. Utilizar fundos de investimento: Os fundos de renda fixa oferecem a diversificação automática, ao investirem em uma variedade de títulos. Ao investir em fundos, é importante considerar as características do fundo, como taxa de administração e perfil de risco.

Lembre-se de que a diversificação não elimina completamente os riscos, mas ajuda a reduzi-los e a proteger sua carteira contra perdas significativas em caso de eventos adversos.

Estratégias de alocação de ativos na renda fixa

A alocação de ativos é uma estratégia que envolve distribuir seu capital entre diferentes classes de ativos, como renda fixa, renda variável, imóveis e outros. Na renda fixa, a alocação de ativos pode ser utilizada para determinar a porcentagem de seu portfólio que será destinada a cada tipo de investimento em renda fixa.

Existem diferentes abordagens para a alocação de ativos, como a alocação estratégica, que define uma porcentagem fixa para cada classe de ativos, e a alocação tática, que envolve ajustes periódicos com base nas condições de mercado.

Na renda fixa, uma estratégia de alocação de ativos pode envolver a distribuição do seu capital entre diferentes tipos de investimentos, como títulos públicos, CDBs, LCIs, LCAs, CRIs, CRAs, debêntures e fundos de renda fixa. A alocação dependerá do seu perfil de investidor, objetivos financeiros, tolerância ao risco e horizonte de investimento.

Uma abordagem comum é a alocação baseada em idade, em que você investe uma porcentagem do seu capital em renda fixa igual à sua idade. Por exemplo, se você tem 30 anos, pode alocar 30% do seu portfólio em renda fixa. Essa estratégia equilibrará a exposição ao risco ao longo do tempo, diminuindo a proporção de investimentos de maior risco à medida que você se aproxima da aposentadoria.

Outra estratégia é a alocação baseada em metas, em que você define objetivos financeiros específicos, como comprar uma casa, pagar a educação dos filhos ou acumular um fundo de emergência. Com base nesses objetivos, você pode determinar quanto capital alocar em cada tipo de investimento em renda fixa, considerando a rentabilidade esperada, a liquidez necessária e o prazo para alcançar as metas.

Além disso, é importante revisar regularmente sua alocação de ativos e fazer ajustes conforme necessário. Alterações nas condições econômicas, mudanças nas taxas de juros e novas oportunidades de investimento podem afetar sua estratégia de alocação. Portanto, monitore o desempenho dos seus investimentos e faça os ajustes adequados para manter sua carteira alinhada aos seus objetivos.

Lembre-se de que a alocação de ativos é uma estratégia personalizada e individual. Consultar um profissional de investimentos, como um consultor financeiro, pode ajudá-lo a desenvolver uma estratégia adequada às suas circunstâncias pessoais e financeiras.

Tripé de Proteção

Agora que você já conhece todos os tipos de investimentos de renda fixa, te apresentarei um conceito muito importante para proteção do seu capital. Observe:

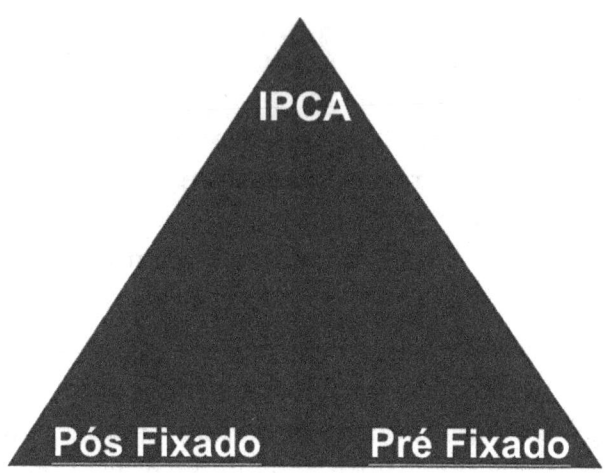

Se você possuir investimentos desses três tipos, sua carteira estará protegida de qualquer cenário que possa acontecer.

Caso a inflação suba, você ganhará com isso. Agora imagina que a Selic dispare, você tem pós-fixados e terá lucros com isso. E se a Selic cair? Os seus pré-fixados te garantirão uma rentabilidade boa mesmo assim.

Percebeu o quanto isso é eficiente para a segurança da sua carteira e o mais importante, para sua tranquilidade?

12. ANÁLISE DE RISCO E RETORNO

"Nunca invista em um negócio que você não entende." - Warren Buffett

Ao investir em renda fixa, é essencial avaliar os riscos envolvidos para tomar decisões informadas. Alguns dos principais riscos na renda fixa incluem:

- Risco de crédito: refere-se à possibilidade de o emissor do título não cumprir suas obrigações de pagamento de juros e principal. É importante analisar a qualidade de crédito do emissor, verificar suas classificações de risco e acompanhar sua saúde financeira.
- Risco de mercado: relacionado às flutuações dos preços dos títulos no mercado secundário. Mudanças nas taxas de juros, expectativas de inflação e condições econômicas podem afetar o valor dos títulos de renda fixa. É fundamental entender como esses fatores influenciam os investimentos e considerá-los ao construir sua carteira.
- Risco de liquidez: refere-se à dificuldade de vender um título por falta de demanda ou por restrições impostas pelo emissor. Alguns investimentos em renda fixa podem ter baixa liquidez, o que significa que pode ser difícil converter o investimento em dinheiro rapidamente. É importante considerar a liquidez dos títulos ao decidir investir neles, considerando suas necessidades de acesso ao capital.
- Risco de reinvestimento: relacionado à possibilidade de reinvestir os pagamentos de juros e principal a uma taxa de retorno inferior à taxa originalmente contratada. Mudanças nas taxas de juros podem afetar a rentabilidade futura dos investimentos em renda fixa. É importante avaliar o ambiente de juros e considerar o impacto das taxas de

reinvestimento ao tomar decisões de investimento.

Medidas de risco e retorno em investimentos de renda fixa

Existem várias medidas utilizadas para avaliar o risco e o retorno dos investimentos em renda fixa. Alguns dos principais indicadores incluem:

- Taxa de juros: as taxas de juros afetam diretamente a rentabilidade dos investimentos em renda fixa. Taxas mais altas tendem a proporcionar retornos mais elevados, mas também podem aumentar o risco de mercado. É importante acompanhar as mudanças nas taxas de juros e considerar seu impacto nos investimentos em renda fixa.

- Duration: É um indicador que mede o tempo médio que um investidor leva para receber de volta o dinheiro que investiu em um título de renda fixa pré-fixado. Quanto maior a duration, mais tempo o investidor demora para recuperar o seu investimento. Se for menor, mais rápido o investidor recebe o seu dinheiro de volta. Ela também mostra a sensibilidade do preço do título à variação da taxa de juros.

- Yield to Maturity (YTM): O YTM é a taxa de retorno anualizada que um investidor receberá se mantiver um título até o vencimento, considerando o preço de compra e os pagamentos de juros futuros. O YTM é uma medida importante para comparar a rentabilidade potencial de diferentes títulos.

- Rating de crédito: as agências de classificação de risco atribuem classificações aos títulos com base na qualidade de crédito do emissor. Essas classificações são uma indicação do risco de crédito associado a um investimento em renda fixa. É importante considerar as classificações de crédito ao avaliar o risco dos títulos.

Utilizando a relação risco-retorno na seleção de investimentos

Ao investir em renda fixa, é necessário considerar a relação entre risco e retorno. Em geral, quanto maior o risco de um investimento, maior é a possibilidade de obter um retorno mais elevado. No entanto, investimentos com maior potencial de retorno também estão sujeitos a um maior risco de perdas.

Cada investidor tem seu próprio perfil de risco, objetivos financeiros e horizonte de investimento. Ao selecionar investimentos em renda fixa, é importante encontrar um equilíbrio entre o retorno desejado e o risco tolerado. Isso pode envolver a combinação de diferentes tipos de investimentos em renda fixa, distribuindo o capital entre títulos com diferentes características de risco e retorno.

Uma abordagem comum é construir uma carteira diversificada, distribuindo os investimentos em títulos com diferentes níveis de risco. Isso permite obter uma combinação de ativos que oferecem um potencial de retorno atraente, ao mesmo tempo, em que reduzem o risco geral da carteira.

Ao selecionar os investimentos em renda fixa, considere seu perfil de risco e objetivos financeiros. Se você busca um maior retorno e está disposto a assumir um risco moderado, pode considerar investimentos em debêntures ou em títulos de crédito privado. Por outro lado, se você valoriza a segurança e a estabilidade, pode optar por investir em títulos públicos, que possuem menor risco de crédito.

Além disso, é importante monitorar regularmente o desempenho de seus investimentos e fazer ajustes conforme necessário. À medida que as condições econômicas e de mercado mudam, pode ser necessário realocar seus investimentos para otimizar a relação risco-retorno da carteira.

ANDRÉ VIANNA

13. ASPECTOS TRIBUTÁRIOS DOS INVESTIMENTOS EM RENDA FIXA

"Não coloque todos os ovos na mesma cesta." - Warren Buffett

É essencial compreender os aspectos tributários relacionados aos rendimentos e ganhos de capital. O Imposto de Renda (IR) e o Imposto sobre Operações Financeiras (IOF) são dois impostos aplicáveis aos investimentos em renda fixa no Brasil.

O Imposto de Renda incide sobre os rendimentos auferidos nos investimentos em renda fixa, seguindo uma tabela regressiva. Quanto maior o prazo do investimento, menor a alíquota do IR. Por exemplo, investimentos com prazo de até 180 dias têm uma alíquota de 22,5%, enquanto investimentos com prazo superior a 720 dias têm uma alíquota de 15%. É importante estar ciente das alíquotas e prazos para calcular corretamente o imposto devido.

O IOF incide sobre ganhos obtidos em investimentos de curto prazo, com resgates feitos em até 30 dias. A alíquota do IOF diminui ao longo do tempo, sendo máxima nos primeiros dias do investimento. É importante considerar o IOF ao planejar resgates antecipados de investimentos em renda fixa.

Tabela regressiva de Imposto de Renda:

Até 180 dias	22,5%
De 181 a 360 dias	20%
De 361 a 720 dias	17,5%
Acima de 720 dias	15%

Tabela regressiva IOF:

Nº Dias	Alíquota	Nº Dias	Alíquota	Nº Dias	Alíquota
1	96%	11	63%	21	30%
2	93%	12	60%	22	26%
3	90%	13	56%	23	23%
4	86%	14	53%	24	20%
5	83%	15	50%	25	16%
6	80%	16	46%	26	13%
7	76%	17	43%	27	10%
8	73%	18	40%	28	6%
9	70%	19	36%	29	3%
10	66%	20	33%	30	0%

Como calcular o imposto devido nos investimentos em renda fixa

Para calcular o imposto devido nos investimentos em renda fixa, é necessário considerar os rendimentos auferidos e a tabela de tributação aplicável.

Suponha que você obteve R$ 1.000,00 de rendimentos em um investimento com prazo superior a 720 dias. A alíquota de 15% será aplicada sobre esses rendimentos. Portanto, o imposto devido será de R$ 150,00.

14. CONCEITOS EXTRAS

Não espere comprar na baixa e vender na alta. Isso nunca pode ser feito, exceto por acaso." - John Bogle

Marcação a mercado e a curva

Marcação a curva e marcação a mercado são formas de calcular o valor de um investimento que paga uma taxa fixa, como um título do Tesouro Direto.

Marcação a curva é quando você considera o valor que você receberá no final do investimento, conforme a taxa que você combinou no começo. Por exemplo, se você comprou um título que paga 10% ao ano e vencerá em 5 anos, você sabe que receberá o seu dinheiro mais 10% ao ano nesse período. Então, você calcula o valor do seu investimento como se ele fosse sempre crescer 10% ao ano até o final.

Marcação a mercado é quando você considera o valor que você pode vender o seu investimento hoje, conforme a oferta e a demanda do mercado. Por exemplo, se você comprou um título que paga 10% ao ano e depois de um ano os juros caem para 8% ao ano, o seu título fica mais atrativo do que os novos títulos que estão pagando 8%. Então, você pode vender o seu título por um preço maior do que você pagou. Mas se os juros sobem para 12% ao ano, o seu título fica menos atrativo do que os novos títulos que estão pagando 12%. Então, você só consegue vender o seu título por um preço menor do que você pagou.

A diferença entre marcação a curva e marcação a mercado é a primeira ser mais estável e previsível, mas não reflete o valor real do investimento no momento. A segunda é mais volátil e pode variar bastante, mas reflete o valor real do investimento no momento.

Se você mantiver o seu investimento até o final, tanto faz usar marcação a curva ou marcação a mercado, pois você receberá o mesmo valor. Mas se você quiser vender o seu investimento antes do final, é melhor usar marcação a mercado, por ser assim que o mercado funciona.

Evolução de um título do Tesouro referenciado ao IPCA adquirido em julho de 2019 e marcado na **Curva** e a **Mercado**

Ágio e deságio

São termos que indicam se você está pagando mais ou menos do que o valor normal de um produto ou investimento.

Ágio é quando você paga mais do que o valor normal. Por exemplo, se você compra um dólar por R$ 5,50, mas o valor normal dele é R$ 5,00, você está pagando um ágio de R$ 0,50 por cada dólar. Isso pode acontecer por vários motivos, como falta de oferta, alta demanda ou maior risco.

Deságio é quando você paga menos do que o valor normal. Por exemplo, se você compra uma ação por R$ 10,00, mas o valor normal dela é R$ 15,00, você está pagando um deságio de R$ 5,00 por cada ação. Isso também pode acontecer por vários motivos, como excesso de oferta, baixa demanda ou menor risco.

Eles podem afetar a rentabilidade dos seus investimentos. Se você comprar um investimento com ágio, você está pagando mais caro e pode ter um retorno menor do que esperava.

Já se fizer um investimento com deságio, você está pagando mais barato e pode ter um retorno maior do que esperava.

Por isso, é importante saber o valor normal dos produtos e investimentos que você quer comprar ou vender e comparar com o preço que está sendo oferecido no mercado. Assim, você pode aproveitar as oportunidades de comprar com deságio e vender com ágio.

FGC

FGC é a sigla de Fundo Garantidor de Crédito. É uma instituição privada, sem fins lucrativos, que protege os investidores que aplicam em instituições financeiras associadas ao fundo.

O FGC funciona como uma espécie de seguro, que garante o pagamento de até R$ 250 mil por pessoa e por instituição financeira, em caso de falência, intervenção ou liquidação extrajudicial da instituição. O limite é de R$ 1 milhão por pessoa a cada quatro anos

Ele cobre vários tipos de investimentos de renda fixa, como depósitos à vista, poupança, CDB, RDB, LCI, LCA, LH e LC. Porém, o FGC não cobre investimentos em renda variável, como ações, fundos de investimento e derivativos.

O objetivo do FGC é dar mais segurança e confiança aos investidores e ao sistema financeiro nacional, evitando crises bancárias e corridas aos bancos. Ele é mantido pelas próprias instituições financeiras associadas, que contribuem mensalmente com um percentual sobre os depósitos garantidos pelo fundo.

Para ter direito à garantia, o investidor precisa ter os dados cadastrais atualizados na instituição financeira e apresentar os documentos comprobatórios do investimento em caso de solicitação do ressarcimento. O pagamento é feito em até 30 dias úteis após a decretação da intervenção ou liquidação da instituição financeira.

15. ESTRATÉGIAS PARA LUCRAR COM INVESTIMENTOS EM RENDA FIXA

"Invista sempre para o longo prazo." - Warren Buffett

Quando as taxas de juros estão em declínio, os investidores podem se beneficiar comprando títulos pré-fixados. Esses títulos possuem uma taxa de juros fixa acordada no momento da compra, o que significa que o investidor conhece o retorno exato que receberá. Em um cenário de queda de taxas de juros, os títulos pré-fixados se tornam mais atrativos, ao oferecerem uma taxa de juros mais alta do que a atual. Ao comprar esses títulos durante uma queda nas taxas de juros, os investidores podem bloquear um rendimento mais alto em relação ao que estaria disponível posteriormente.

Exemplo: Suponha que você identifique uma tendência de queda nas taxas de juros e decida investir em um título pré-fixado com taxa de juros de 10% ao ano. Se as taxas de juros continuarem caindo e, posteriormente, a taxa de mercado para um título semelhante for de 8% ao ano, você ainda receberá 10% de retorno, o que é maior do que o disponível para outros investidores.

Compra de títulos pós-fixados em alta de taxas de juros

Em um cenário de aumento das taxas de juros, é benéfico investir em títulos pós-fixados. Esses títulos estão vinculados a um índice de referência, como a taxa Selic ou o CDI, e seu rendimento varia conforme as flutuações desse índice. Quando as taxas de juros estão subindo, o rendimento dos títulos pós-fixados também aumenta. Portanto, ao comprar esses títulos durante uma alta nas taxas de juros, você pode aproveitar os rendimentos crescentes.

Exemplo:

Suponha que você esteja acompanhando um cenário no qual as taxas de juros estão em alta e decida investir em um título pós-fixado indexado à taxa Selic. Se a taxa Selic aumentar de 5% para 8% ao ano, o rendimento do seu título também aumentará, proporcionando um retorno maior do que o inicialmente previsto.

Como lucrar no mercado secundário

Já vimos que renda fixa é um tipo de investimento que você sabe quanto ganhará no final. Mercado secundário é onde você pode comprar e vender esses investimentos de outras pessoas.

NTN-B é um investimento que paga uma parte fixa mais a inflação. Isso é bom porque você não perde dinheiro com a alta dos preços.

Mas se você vender o investimento antes do final, pode ganhar mais ou menos do que esperava. Isso depende muito de como estará os juros no futuro.

Quando os juros sobem, o preço do título cai. Quando os juros caem, o preço do título sobe. Então, se você comprar o investimento quando os juros estiverem altos e vender quando eles caírem, você pode ganhar mais dinheiro.

Para ganhar dinheiro com a NTN-B no mercado secundário, você precisa ficar de olho nos juros e na inflação e saber a hora certa de comprar e vender.

A importância do timing

É importante ressaltar que a estratégia de comprar títulos pré-fixados em queda de taxas de juros e títulos pós-fixados em alta de taxas de juros requer um bom timing. Identificar a tendência correta das taxas de juros pode ser desafiador, e os investidores devem basear suas decisões em análises cuidadosas, acompanhamento do mercado e previsões confiáveis.

Essa estratégia é mais eficaz para investidores que possuem um conhecimento mais aprofundado sobre o mercado financeiro e estão dispostos a acompanhar regularmente as movimentações das taxas de juros.

A previsão das taxas de juros futuras é um desafio e está sujeita a uma série de fatores econômicos e políticos imprevisíveis. Portanto, essa estratégia deve ser aplicada com cautela e de acordo com sua tolerância ao risco e objetivos de investimento.

Negociação de Títulos no Mercado Secundário

Uma das estratégias mais comuns é a negociação de títulos no mercado secundário. Nesse mercado, os investidores compram e vendem títulos que já foram emitidos anteriormente.

A ideia é aproveitar as flutuações nos preços dos títulos para obter lucros. Por exemplo, se você identificar que um título está sendo negociado abaixo do seu valor nominal no mercado secundário, é possível comprá-lo com desconto e vendê-lo posteriormente quando seu preço se recuperar.

Acompanhamento das Taxas de Juros e do Mercado

As taxas de juros e as condições do mercado podem influenciar o preço dos títulos no mercado secundário. Por isso, não deixe de acompanhar de perto as tendências das taxas de juros e as condições econômicas gerais. Por exemplo, se houver uma expectativa de queda nas taxas de juros, os preços dos títulos podem aumentar, e você pode aproveitar a oportunidade para vender seus títulos com lucro. Da mesma forma, se houver uma expectativa de aumento nas taxas de juros, os preços dos títulos podem cair, e você pode considerar comprar títulos a preços mais baixos.

Regra dos 72

É uma regra bem simples para facilitar o seu cálculo e estimar em quanto tempo dobrará o seu capital.

Divide-se 72 pela taxa de juros anual para obter uma aproximação do número de anos. Por exemplo, se você estima um retorno de 10% ano, em aproximadamente 7,2 anos, dobrará o seu capital (72/10).

PARTE III: RENDA VARIÁVEL

"Prefiro ser um pequeno parceiro de grandes empresas do que dono de pequenos negócios." - Luiz Barsi Filho, um dos maiores investidores individuais da bolsa de valores

O que é renda variável?

Agora vamos para a minha parte preferida, muitas pessoas tem um certo medo dela, mas quando você começar a estudar e se aprofundar mais, provavelmente também se encantará. É aqui que investidores, como: Warren Buffett e Luiz Barsi, construíram suas fortunas. Diferente da renda fixa, aqui, não há uma taxa pré-definida. Afinal de contas, você não tem como prever quanto uma empresa irá lucrar. Há mais riscos envolvidos, é verdade, mas também estão aqui ótimas oportunidades para você multiplicar seu capital.

No caso das ações, você será um dos sócios da empresa que comprar, e além de ganhar parte dos lucros da sua empresa, também pode lucrar com a valorização dos papéis. É importante você conhecer os fundamentos e algumas estratégias para você se beneficiar das inúmeras oportunidades que estão aqui na renda variável.

Oferta e demanda

É um conceito da economia que explica como se forma o preço e a quantidade de um produto no mercado. A oferta é a quantidade de um produto que as empresas estão dispostas a vender, já a demanda é a quantidade de um produto que os consumidores estão interessados em comprar.

Segundo a lei da oferta x demanda, a interação entre elas tende a um ponto de equilíbrio, nele, o preço e a quantidade satisfazem aos desejos de consumidores e produtores ao mesmo tempo.

A renda variável é um tipo de investimento que não tem uma rentabilidade fixa ou garantida. O retorno depende do desempenho dos ativos no mercado, que pode variar de acordo com vários fatores. Um desses fatores é a oferta x demanda.

Essa relação afeta o preço e a quantidade do produto no mercado. Quando a oferta é maior que a demanda, o preço tende a cair. Quando a demanda é maior que a oferta, o preço tende a subir. Isso vale para qualquer produto, inclusive os ativos financeiros, como as ações, os fundos imobiliários, as commodities, as moedas, etc. Por exemplo, se muitas pessoas querem comprar ações de uma empresa, mas há poucas ações disponíveis para venda, o preço das ações aumentará. Se muitas pessoas querem vender as ações de uma empresa, mas há poucos compradores interessados, o preço das ações diminuirá.

Esse equilíbrio pode ser influenciado por diversos fatores, como os resultados das empresas, as expectativas dos investidores, os eventos políticos e econômicos, as crises sanitárias e ambientais, etc.

"A melhor época para plantar uma árvore foi há 20 anos atrás. A segunda melhor época é agora." - Provérbio chinês

16. INTRODUÇÃO AO MERCADO FINANCEIRO BRASILEIRO

"Diversificação reduz os riscos, aumenta a previsibilidade e impulsiona os retornos." - Robert Brokamp

A renda variável é uma modalidade de investimento onde o retorno financeiro não é preestabelecido, e sim depende das oscilações do mercado. Nesse contexto, os investidores adquirem ativos financeiros, como ações, que representam uma participação em empresas, com seu valor determinado pela oferta e demanda do mercado. Além das ações, outros instrumentos de renda variável incluem opções, contratos futuros, fundos de investimento e Certificados de Operações Estruturadas (COE). É importante ressaltar que, ao investir em renda variável, os retornos podem variar e existem riscos associados a esses investimentos.

História e desenvolvimento do mercado financeiro no Brasil:

O mercado financeiro brasileiro tem uma história que remonta ao século XIX, com a criação da Bolsa de Valores do Rio de Janeiro em 1845. Ao longo dos anos, o mercado financeiro brasileiro evoluiu significativamente, passando por diferentes fases e enfrentando desafios e transformações. Desde a unificação das bolsas de valores na década de 2000, com a criação da B3 (Bolsa, Brasil, Balcão), até as inovações tecnológicas e a expansão do acesso aos investimentos, o mercado financeiro brasileiro se tornou mais sofisticado e acessível aos investidores.

Órgãos reguladores e instituições importantes

O mercado financeiro brasileiro é regulado por diferentes órgãos, que visam garantir a transparência, a segurança e a eficiência das operações. A Comissão de Valores Mobiliários (CVM) é o principal órgão regulador, responsável por fiscalizar e regulamentar o mercado de valores mobiliários. O Banco Central do Brasil (Bacen) é a instituição responsável pelo controle e pela supervisão do sistema financeiro. Além dessas, existem outras instituições, como a B3, a ANBIMA (Associação Brasileira das Entidades dos Mercados Financeiro e de Capitais), a ANCORD (Associação Nacional das Corretoras e Distribuidoras de Títulos e Valores Mobiliários, Câmbio e Mercadorias), a Susep, a Previc e o COAF.

Importância da diversificação

A diversificação é uma estratégia fundamental no mercado financeiro, especialmente quando se trata de renda variável. Ela envolve a alocação de recursos em diferentes ativos e classes de investimento, para reduzir os riscos e maximizar os retornos. A diversificação permite diluir os riscos específicos de cada investimento, pois nem todos os ativos tendem a se comportar da mesma forma em determinadas situações de mercado. Por exemplo, investir em diferentes setores da economia, em diferentes países ou em diferentes tipos de ativos pode ajudar a minimizar o impacto de eventos negativos e aumentar as chances de obter retornos consistentes a longo prazo. No entanto, é importante lembrar que a diversificação não elimina totalmente os riscos, e uma análise cuidadosa e a compreensão dos ativos em que se investe são essenciais.

Além disso, a diversificação também pode ajudar a aproveitar as oportunidades de mercado. Diferentes setores da economia podem apresentar desempenho variado em momentos distintos, e investir em uma ampla gama de ativos permite que você se beneficie dessas flutuações. Por exemplo, em um momento de crescimento econômico, os setores de tecnologia e consumo podem apresentar bons resultados, enquanto em um período de desaceleração econômica, setores defensivos, como serviços públicos e saúde, podem se sair melhor.

Ao diversificar sua carteira de investimentos, é importante considerar diferentes classes de ativos, como ações, títulos, fundos imobiliários, commodities e moedas. Cada classe de ativos possui características específicas e reage de maneira diferente a mudanças no mercado. A alocação de uma parte do seu patrimônio em cada uma dessas classes pode ajudar a reduzir a exposição a riscos específicos de cada ativo.

Dentro de cada classe de ativos, é possível diversificar ainda mais. Por exemplo, ao investir em ações, você pode distribuir seus investimentos em diferentes setores, tamanhos de empresas e regiões geográficas. Isso permite que você se beneficie das oportunidades de crescimento em diferentes áreas da economia e reduza o impacto negativo que um único investimento tenha em sua carteira.

No entanto, é importante destacar que a diversificação não é uma garantia de lucro ou proteção total contra perdas. O mercado financeiro é complexo e imprevisível, e mesmo com uma carteira diversificada, é possível que ocorram quedas no mercado ou desempenhos abaixo do esperado. Portanto, é essencial realizar uma análise adequada, monitorar regularmente seus investimentos e buscar conhecimento e orientação profissional para tomar decisões informadas.

No próximo capítulo, exploraremos em detalhes ações, seu funcionamento, estratégias de investimento e os riscos envolvidos.

17. AÇÕES

"O mercado de ações é um dispositivo para transferir dinheiro dos impacientes para os pacientes." - Warren Buffett, citado em Os Ensinamentos de Warren Buffett

As ações representam uma parcela do capital social de uma empresa. Ao adquirir ações de uma empresa, você se torna acionista e, portanto, participa dos lucros e prejuízos da empresa. As ações são negociadas no mercado secundário, onde investidores compram e vendem os papéis entre si. O preço das ações é determinado pela oferta e demanda, e pode variar ao longo do tempo.

"Invista pensando no longo prazo, não especule, mas, não ignore as flutuações do mercado." - Michael Kitces

Tipos de ações

Os tipos de ações da bolsa de valores são classificações que diferenciam as características e os direitos dos acionistas que compram os papéis das empresas. Existem vários tipos de ações, mas os principais são:

Ações ordinárias (ON): são aquelas que dão direito a voto nas assembleias da empresa e a participação no prêmio de controle, caso a empresa seja vendida. Os acionistas ordinários também têm direito a receber dividendos, mas não têm preferência nesse recebimento. As ações ordinárias são identificadas pelo número 3 no final do código na bolsa, como PETR3 (Petrobras) e VALE3 (Vale).

Ações preferenciais (PN): são aquelas que não dão direito a voto nas assembleias da empresa, mas têm preferência no recebimento de dividendos e no reembolso de capital em caso de falência ou liquidação da empresa. As ações preferenciais podem ter classes diferentes, como A, B ou C, que variam conforme os direitos e as vantagens concedidos pela empresa. As ações preferenciais são identificadas pelos números 4, 5, 6, 7 ou 8 no final do código na bolsa, como PETR4 (Petrobras) e BBDC4 (Bradesco).

Units: são pacotes de ações que combinam ações ordinárias e preferenciais de uma mesma empresa. As units facilitam a negociação dos papéis na bolsa e permitem que o investidor tenha acesso aos benefícios de ambos os tipos de ações. As units são identificadas pelo número 11 no final do código na bolsa, como KLBN11 (Klabin) e TAEE11 (Taesa).

Além desses tipos de ações, existem outras classificações que se referem ao tamanho e à liquidez das empresas na bolsa. São elas:

Blue chips: são as ações de empresas grandes, consolidadas e com alta liquidez na bolsa. São consideradas as mais seguras e estáveis do mercado, mas também as mais caras. Exemplos de blue chips são ITUB4 (Itaú Unibanco), B3SA3 (B3) e ABEV3 (Ambev).

Mid caps: são as ações de empresas médias, com potencial de crescimento e rentabilidade, mas também com maior risco e volatilidade. São menos negociadas na bolsa do que as blue chips, mas podem oferecer boas oportunidades de investimento. Exemplos de mid caps são RENT3 (Localiza), WEGE3 (WEG) e EGIE3 (Engie Brasil).

Small caps: são as ações de empresas pequenas, novas ou desconhecidas no mercado. São as mais arriscadas e especulativas da bolsa, mas também as mais baratas e com maior potencial de valorização. Exemplos de small caps são VVAR3 (Via Varejo), IRBR3 (IRB Brasil) e MGLU3 (Magazine Luiza).

Bolsa de Valores: B3

A Bolsa de Valores é o local onde as ações e outros ativos são negociados. No Brasil, é a B3 (Bolsa, Brasil, Balcão). É nessa instituição que ocorre o encontro entre compradores e vendedores, que realizam as transações por meio de corretoras de valores.

A B3 desempenha um papel fundamental no funcionamento do mercado de ações brasileiro, estabelecendo regras, promovendo a transparência e garantindo a segurança das operações.

Como começar

Para começar a investir em ações, você precisa seguir alguns passos básicos:

- Escolher uma corretora de valores que seja autorizada pela CVM (Comissão de Valores Mobiliários) e abrir uma conta nela
- Transferir o dinheiro que você deseja investir para a sua conta na corretora;
- Acessar o home broker da corretora, o qual é uma plataforma online onde você pode comprar e vender ações
- Pesquisar as empresas e os setores que você tem interesse em investir, analisando os seus fundamentos, histórico, perspectivas e riscos
- Escolher as ações que você quer comprar, observando o preço, a liquidez e o volume de negociação
- Enviar uma ordem de compra no home broker, informando a quantidade e o preço das ações que você quer adquirir
- Acompanhar o desempenho das suas ações e do mercado, avaliando se os seus objetivos estão sendo atingidos e se é necessário fazer ajustes na sua carteira
- Enviar uma ordem de venda no home broker quando quiser se desfazer das suas ações, buscando obter lucro com a valorização ou evitar prejuízos com a desvalorização.

Estratégias de investimento em ações

Existem diversas estratégias de investimento em ações que podem ser adotadas, dependendo dos objetivos e perfil do investidor. Alguns exemplos incluem:

Buy and hold: essa estratégia envolve a compra de ações de empresas sólidas e com potencial de valorização de longo prazo. O investidor busca manter essas ações por um período prolongado, aproveitando os ganhos ao longo do tempo.

Day trading: essa estratégia consiste em comprar e vender ações no mesmo dia, aproveitando as oscilações de curto prazo no mercado. Os day traders buscam obter lucros rápidos com base em análises técnicas e gráficos de preços.

Value investing: nessa estratégia, o investidor procura por ações que estejam sendo negociadas abaixo de seu valor intrínseco, acreditando que o mercado está subvalorizando essas empresas. O objetivo é comprar ações por um preço mais baixo e aguardar sua valorização.

Cuidado com o apego emocional

Essa tendência pode levar a comportamentos irracionais, como vender ações que estão em alta para garantir o lucro, mas manter ações em baixa na esperança de recuperar o prejuízo. Muitas pessoas compram uma ação e se apegam a ela. O papel pode estar super desvalorizado, mas esse apego faz com que relutem em vender, sonhando em recuperar o investimento que muitas vezes pode ser feito de maneira mais eficaz ao comprar outro ativo com mais potencial no momento. Esses comportamentos podem prejudicar o desempenho dos investimentos no longo prazo, ao impedirem que o investidor aproveite as oportunidades do mercado e aumentam as chances de perdas maiores.

Valorização de papéis a longo prazo

Se recorda que falamos há pouco que aqui na renda variável foi onde grandes investidores ficaram bilionários? Observe o poder de multiplicação que o mercado de ações te oferece:

- Magazine Luiza (MGLU3): multiplicou por 206 vezes o dinheiro investido, saindo de R$ 0,18 em 2008 para R$ 37,00 em 2018;
- Weg (WEGE3): multiplicou por 64 vezes o dinheiro investido, saindo de R$ 0,38 em 1995 para R$ 24,50 em 2021;
- Lojas Renner (LREN3): multiplicou por 54 vezes o dinheiro investido, saindo de R$ 0,28 em 2002 para R$ 15,20 em 2021;
- Multiplan (MULT3): multiplicou por 42 vezes o dinheiro investido, saindo de R$ 0,60 em 2007 para R$ 25,30 em 2021;
- Raia Drogasil (RADL3): multiplicou por 40 vezes o dinheiro investido, saindo de R$ 0,80 em 2011 para R$ 32,00 em 2021.

Esses são apenas alguns casos de empresas que se destacaram na bolsa brasileira e entregaram retornos extraordinários aos seus acionistas. Mas isso não significa que elas vão continuar subindo no mesmo ritmo ou que não há outras oportunidades no mercado. Por isso não adianta comprar a ação e nunca mais se atentar a ela.

Para encontrar ações com potencial de multiplicação no longo prazo, é preciso analisar os fundamentos das empresas, o cenário econômico e as tendências setoriais. Além disso, é preciso ter paciência e disciplina para manter os investimentos por um período prolongado e suportar as oscilações do mercado.

Análise fundamentalista

Os indicadores fundamentalistas são ferramentas que medem a saúde financeira e o desempenho das empresas listadas na bolsa de valores. Eles auxiliam os investidores a avaliar se as ações estão baratas ou caras em relação ao valor real da empresa e às suas perspectivas de crescimento.

Alguns dos principais indicadores fundamentalistas são:

Lucro por ação (LPA): é o lucro líquido da empresa dividido pelo número de ações em circulação. Ele mostra quanto a empresa lucra para cada ação que possui. Quanto maior o LPA, melhor.

Preço/Lucro (P/L): é o preço da ação dividido pelo lucro por ação. Ele mostra quantos anos o investidor levaria para recuperar o valor investido na ação, se o lucro se mantivesse constante. Quanto menor o P/L, mais barata está a ação em relação ao seu lucro.

Valor Patrimonial por Ação (VPA): é o patrimônio líquido da empresa dividido pelo número de ações em circulação. Ele mostra quanto vale cada ação se a empresa fosse liquidada hoje. Quanto maior o VPA, melhor.

Preço/Valor Patrimonial (P/VP): é o preço da ação dividido pelo valor patrimonial por ação. Ele mostra quantas vezes o preço da ação está acima do seu valor patrimonial. Quanto menor o P/VP, mais barata está a ação em relação ao seu patrimônio.

Dividend Yield (DY): é o valor dos dividendos pagos pela empresa nos últimos 12 meses dividido pelo preço da ação. Ele mostra qual é o retorno em dividendos que o investidor recebe ao comprar uma ação. Quanto maior o DY, melhor.

Vejamos um exemplo prático usando os dados da empresa fictícia ABCD4:

LPA = R$ 2,00

P/L = 10

VPA = R$ 8,00

P/VP = 2,5

DY = 5%

Isso significa que:

A empresa lucrou R$ 2,00 para cada ação que possui no último ano.

O preço da ação é 10 vezes maior do que o lucro por ação, o investidor levaria 10 anos para recuperar o valor investido na ação, se o lucro se mantivesse constante.

O patrimônio líquido da empresa é R$ 8,00 por ação, ou seja, se a empresa fosse liquidada hoje, cada acionista receberia R$ 8,00 por cada ação que possui.

A ação tem um valor 2,5 vezes superior ao valor patrimonial da ação, o investidor está pagando um prêmio pelo potencial de crescimento da empresa.

Foi pago R$ 0,10 de dividendos por cada ação nos últimos 12 meses, foi recebido um retorno de 5% em dividendos ao comprar uma ação.

Esses indicadores podem ser comparados com os de outras empresas do mesmo setor ou com as médias do mercado para saber se as ações estão atrativas ou não. Por exemplo, se as outras empresas do setor têm um P/L médio de 15 e um DY médio de 3%, isso significa que as ações da ABCD4 estão mais baratas e pagam mais dividendos do que as concorrentes.

Análise técnica

A análise técnica foi popularizada pelo jornalista Charles Dow, fundador do Wall Street Journal e que também empresta seu nome ao mais tradicional índice acionário dos Estados Unidos, o Dow Jones.

É uma estratégia eficiente para quem quer fazer operações de curto prazo que usa os dados históricos dos preços e dos volumes negociados de um ativo para identificar padrões e tendências que podem se repetir no futuro. Esses padrões e tendências são representados por gráficos que mostram a variação do preço ao longo do tempo. Os analistas técnicos usam esses gráficos para encontrar pontos de suporte e resistência, os níveis de preço onde os compradores e vendedores tendem a entrar ou sair do mercado, respectivamente. Eles também usam indicadores matemáticos e estatísticos, como médias móveis, osciladores, bandas de Bollinger, Fibonacci, entre outros, para confirmar ou antecipar as mudanças de direção do preço.

A análise técnica é baseada em três princípios fundamentais

O preço desconta tudo: isso significa que o preço de um ativo já reflete todas as informações disponíveis sobre ele, incluindo os aspectos fundamentais, psicológicos e políticos que afetam a oferta e a demanda.

O preço se move em tendências: isso significa que o preço de um ativo tende a se mover em uma direção por um período, até que algo o faça mudar. As tendências podem ser de alta (quando o preço sobe), de baixa (quando o preço cai) ou lateral (quando o preço oscila entre dois níveis).

A história se repete: isso significa que os padrões e tendências observados no passado tendem a se repetir no futuro, pois os investidores reagem semelhantemente diante das mesmas situações.

Ela é usada principalmente por traders, que são investidores que fazem operações de curto prazo na Bolsa de Valores, buscando lucrar com as variações do preço. Eles podem usar diferentes tipos de gráficos, como o de linha, o de barras, o de candlestick ou o de renko, para visualizar melhor os movimentos do mercado. Eles também podem usar diferentes períodos, como: minutos, horas, dias ou semanas, para analisar diferentes cenários.

Uma maneira de ver é que a análise fundamentalista é o método do investidor, enquanto a análise técnica é o método do especulador.

As transações costumam ser realizadas ao longo de um dia (day trade), por alguns dias de negociação, durante algumas semanas (swing trade) ou, no máximo, por poucos meses

A análise técnica não é uma ciência exata, mas sim uma arte que requer estudo, prática e disciplina. Ela não garante resultados certos, mas sim probabilidades maiores de acerto. Ela também não é infalível, pois o mercado pode ser afetado por eventos imprevisíveis ou inesperados que alteram o comportamento dos investidores. Por isso, é importante usar também ferramentas de gestão de risco, como o stop loss e o stop gain, os quais são ordens automáticas para limitar as perdas ou garantir os lucros em uma operação.

De acordo com uma pesquisa de Thomas N. Bulkowski feita por 14 anos em mais de 500 ações americanas, a análise técnica acertou de 80% a 90% das variações nas cotações.

Há três gráficos que o investidor pode usar para compreender a evolução do preço de uma ação no tempo:

- gráfico de linhas;
- gráfico de barras;
- candlestick.

Dentre todos, o candlestick é o mais usado na análise técnica, pois o gráfico de linhas só mostra a evolução dos preços de fechamento sem mostrar como se comportou o ativo durante o dia, e o de barras não é eficiente em representar as mudanças que ocorrem durante um pregão.

Em um gráfico de candlestick, cada uma das barras parecidas com velas (por isso se chamam candles) representa o movimento de um ativo em um determinado período.

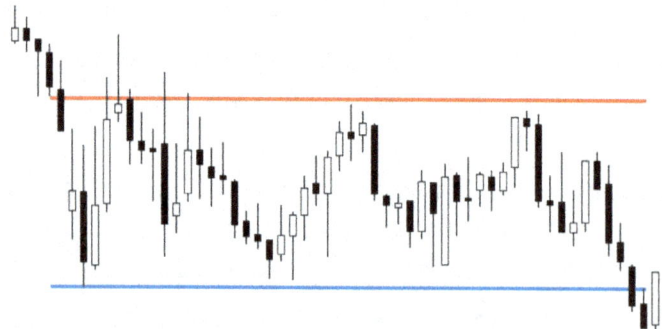

O mais conhecido e mais usado é o de suporte e resistência. Os suportes são regiões de preço que costumam atrair compradores sempre que a ação chega naquele nível. Ou seja, o papel sobe após alcançar aquela cotação.

As resistências, ao contrário, são regiões de preços que costumam atrair vendas. Ou seja, a ação geralmente cai após tocar naquela cotação.

Riscos e desafios

Investir em ações envolve riscos e desafios que devem ser considerados. Alguns dos principais são:

Risco de mercado: as ações estão sujeitas às flutuações do mercado financeiro, que podem ser influenciadas por fatores macroeconômicos, políticos e sociais. Essas oscilações podem resultar em ganhos ou perdas no valor das ações.

Risco de crédito: é o risco de o emissor do ativo não honrar seus compromissos financeiros. Por exemplo, se você investe em um fundo de investimento que aplica em títulos de dívida de uma empresa, e essa empresa entra em falência, você pode não receber o seu dinheiro de volta.

Risco de liquidez: algumas ações podem ter baixa liquidez, o que significa que pode ser difícil encontrar compradores ou vendedores quando você desejar negociá-las. Isso pode afetar a capacidade de vender as ações pelo preço desejado.

Risco cambial: para investidores que negociam ações de empresas estrangeiras, as flutuações nas taxas de câmbio podem afetar os retornos. Alterações nas taxas de câmbio podem aumentar ou diminuir o valor das ações quando convertido para a moeda local.

Existem outros tipos de riscos que podem afetar os investimentos em renda variável, como o risco operacional, o risco legal, o risco sistêmico, o risco de concentração, entre outros.

Escolher as ações certas para investir requer pesquisa e análise cuidadosas. É necessário entender os fundamentos da empresa, avaliar seu potencial de crescimento, examinar seus concorrentes e considerar as condições do mercado.

É importante ter em mente que o investimento em ações está sujeito a riscos e que a diversificação, a pesquisa adequada e o acompanhamento regular dos investimentos são fundamentais para lidar com esses desafios. Além disso, contar com a orientação de profissionais financeiros qualificados pode ajudar a tomar decisões mais informadas e reduzir os riscos associados ao investimento em ações.

18. FUNDOS DE INVESTIMENTO

*"Seja paciente e ignore modismos. Foque no valor
e não entre em pânico." - Eddy Elfenbein*

Os fundos de investimento são veículos de investimento coletivo, nos quais recursos de diferentes investidores são agrupados e administrados por uma instituição financeira especializada, como uma gestora de fundos. O objetivo dos fundos de investimento é obter rentabilidade por meio da diversificação de investimentos em diferentes ativos financeiros, conforme a estratégia definida pelo fundo.

Os investidores que aplicam em um fundo de investimento adquirem cotas proporcionais ao valor total investido no fundo. O valor das cotas varia conforme a valorização ou desvalorização dos ativos nos quais o fundo está investido. A gestão do fundo é realizada por profissionais especializados, que buscam maximizar os retornos e gerir os riscos segundo o objetivo e a política de investimento estabelecidos pelo fundo.

São ideiais para o investidor diversificar em diversos segmentos sem precisar se aprofundar em cada um deles, além da tranquilidade de possuir um profissional criando as estratégias. É importante se atentar as taxas, que algumas vezes, acabam deixando o fundo pouco atrativo.

Fundos de ações

Os fundos de ações têm como principal objetivo investir em ações de empresas listadas na Bolsa de Valores. Esses fundos podem se concentrar em setores específicos da economia, como tecnologia, saúde, energia, entre outros. A estratégia e a alocação de recursos podem variar conforme o fundo.

Eles oferecem aos investidores a oportunidade de diversificar seus investimentos em diferentes empresas, mesmo com um montante menor de recursos. Além disso, os gestores do fundo são responsáveis por acompanhar o desempenho das ações e realizar as tomadas de decisões de compra e venda, segundo as perspectivas do mercado.

Fundos multimercado

Os fundos multimercado têm flexibilidade para investir em diferentes classes de ativos, como ações, títulos públicos, câmbio, derivativos, entre outros. Essa flexibilidade permite aos gestores do fundo buscar oportunidades de retorno em diferentes cenários econômicos.

Esses fundos podem adotar estratégias mais agressivas, com maior exposição a riscos, ou estratégias mais conservadoras, buscando a preservação do capital. A diversificação de investimentos em diferentes classes de ativos é uma característica fundamental dos fundos multimercado.

Vantagens dos fundos de investimento

Diversificação: Os fundos de investimento permitem acesso a uma carteira diversificada de ativos, ajudando a reduzir o risco concentrado em um único investimento.

Profissionalismo: A gestão dos fundos é realizada por profissionais especializados, que possuem conhecimento e experiência no mercado financeiro, auxiliando na tomada de decisões de investimento.

Acesso a diferentes classes de ativos: dependendo do tipo de fundo, os investidores podem ter acesso a diferentes classes de ativos, como ações, títulos, imóveis, entre outros, sem a necessidade de investir diretamente nesses ativos.

Liquidez: Em geral, os fundos de investimento possuem alta liquidez, permitindo aos investidores comprar e vender cotas de forma fácil e rápida.

Desvantagens dos fundos de investimento

Taxas e despesas: Os fundos de investimento podem envolver taxas de administração, performance e outras despesas, que podem afetar a rentabilidade líquida do investidor.

Possível desempenho inferior ao mercado: Apesar do profissionalismo na gestão, nem todos os fundos de investimento superam o desempenho médio do mercado. Alguns fundos podem ter resultados abaixo das expectativas dos investidores.

Risco de mercado: Os fundos de investimento estão sujeitos aos riscos do mercado financeiro, como flutuações nos preços dos ativos e condições econômicas adversas, o que pode impactar negativamente o valor das cotas.

É importante considerar cuidadosamente os objetivos de investimento, perfil de risco e custos envolvidos ao escolher investir em fundos de investimento. A leitura do prospecto e o acompanhamento regular do desempenho do fundo são fundamentais para tomar decisões informadas.

Fundo de Previdência

Fundos de investimentos de previdência são vinculados a um plano de previdência complementar aberta, ou seja, um plano que não depende do governo e que permite ao investidor acumular recursos para a sua aposentadoria ou outros objetivos de longo prazo. Esses fundos são administrados por instituições financeiras, como bancos, seguradoras e corretoras, e podem ter diferentes estratégias e perfis de risco.

Os fundos de investimentos de previdência podem ser divididos em dois tipos principais, conforme o regime tributário do plano: PGBL (Plano Gerador de Benefício Livre) e VGBL (Vida Gerador de Benefício Livre). O PGBL é indicado para quem faz a declaração completa do Imposto de Renda, ao permitir deduzir as contribuições até o limite de 12% da renda bruta anual3. Já o VGBL é indicado para quem faz a declaração simplificada do Imposto de Renda, pois não permite deduzir as contribuições, mas tributa apenas os rendimentos na hora do resgate.

Além disso, os fundos de investimentos de previdência também podem ser classificados em dois tipos, conforme o momento da tributação: regressivo e progressivo. No regime regressivo, a alíquota do Imposto de Renda diminui conforme aumenta o prazo de permanência no fundo, podendo variar de 35% a 10%. Já no progressivo a alíquota aumenta conforme a sua renda.

Progressiva

Renda (R$)	Alíquota	Dedução (R$)
Até 1.903,98	Isento	-
De 1.903,99 a 2.826,65	7,50%	142,80
De 2.826,66 a 3.751,05	15%	354,80
De 3.751,06 a 4.664,68	22,5%	636,13
Acima de 4.664,68	27,5%	869,36

Regressiva

Prazo	Alíquota
Até 2 anos	35%
2 anos a 4 anos	30%
4 anos a 6 anos	25%
6 anos a 8 anos	20%
8 anos a 10 anos	15%
Acima de 10 anos	10%

Os fundos de investimentos de previdência podem ter diferentes políticas de investimento, podendo aplicar em renda fixa, renda variável, multimercados ou cambiais. Cada fundo tem um grau de risco e uma rentabilidade esperada, que devem ser compatíveis com o perfil e os objetivos do investidor.

Fundos de índice (ETFs)

Os fundos de índice, também conhecidos como ETFs (Exchange-Traded Funds), são fundos que buscam replicar o desempenho de um índice de mercado específico, como o Ibovespa. Os ETFs são negociados na bolsa de valores, assim como as ações, e suas cotas podem ser compradas e vendidas durante o horário de funcionamento do mercado.

ETFs oferecem aos investidores a possibilidade de diversificar seus investimentos em um conjunto de ações que compõem um determinado índice, sem precisar comprar cada uma das ações individualmente. Dessa forma, os ETFs proporcionam uma forma eficiente e acessível de investir em uma carteira diversificada de ações.

Fundos imobiliários (FIIs)

Imagina que você deseja comprar para investimento um

apartamento aí no seu condomínio, porém, o valor do imóvel é um milhão e você só está disposto a investir quinze mil reais, os Fiis, te permitem isso. Você pode comprar apenas algumas cotas e receber os alugueis mensalmente, proposicionais ao que você investiu.

Os fundos imobiliários, também conhecidos como FIIs, são fundos de investimento que visam investir em ativos imobiliários, como imóveis comerciais, shoppings, galpões logísticos, entre outros. Os investidores adquirem cotas do fundo proporcionando-lhes participação nos rendimentos gerados pelos imóveis e na valorização do patrimônio imobiliário.

Eles oferecem aos investidores a oportunidade de investir no mercado imobiliário de forma diversificada, mesmo com um montante menor de recursos. Além disso, ao investir em FIIs, os investidores podem se beneficiar da distribuição periódica de rendimentos, geralmente provenientes do aluguel dos imóveis, proporcionando uma fonte de renda regular.

Para você ter uma ideia do quanto eles são acessíveis, é possível comprar uma cota de alguns fundos imobiliários por menos de R$ 15,00.

Tipos de FIIs

Existem diferentes tipos de fundos imobiliários, conforme o tipo de imóvel ou título que eles investem. Por exemplo:

Fundos de tijolo: são aqueles que investem em imóveis físicos, como escritórios, shoppings, galpões, hotéis, etc. Eles ganham com o aluguel ou a venda desses imóveis.

Fundos de papel: são aqueles que investem em títulos de dívida imobiliária, como LCI, CRI, LH, etc. Eles ganham com o pagamento de juros desses títulos.

Fundos de fundos: são aqueles que investem em cotas de outros fundos imobiliários. Eles ganham com os rendimentos e a valorização dessas cotas.

Fundos híbridos: são aqueles que investem tanto em imóveis físicos quanto em títulos de dívida imobiliária. Eles ganham com a combinação das duas fontes de renda.

Fundos de desenvolvimento: são aqueles que investem em projetos imobiliários em construção ou em fase inicial. Eles ganham com a venda ou a locação desses projetos após concluídos.

19. MERCADO DE OPÇÕES

"Cuidado com as pequenas despesas, pois um pequeno vazamento pode afundar um grande navio." - Benjamin Franklin, autor de Autobiografia e Outros Escritos

O mercado de opções é uma parte importante do mercado financeiro, oferecendo aos investidores a oportunidade de negociar contratos de opções. Neste capítulo, abordaremos os conceitos fundamentais das opções, as estratégias básicas, os fatores que influenciam os preços e o gerenciamento de risco nesse mercado.

O que são opções e como funcionam

Opções são contratos de direito sobre um ativo, que te dão a opção de comprar ou vender esse ativo em uma data futura e por um preço acordado anteriormente. O ativo pode ser uma ação, uma moeda, um índice ou qualquer outro que tenha um preço no mercado.

Quem compra uma opção paga um prêmio para quem vende, e recebe o direito de comprar ou vender o ativo na data e no preço combinados. Quem vende uma opção recebe o prêmio e assume a obrigação de entregar ou receber o ativo na data e no preço combinados, se o comprador quiser exercer seu direito.

As opções têm uma data de vencimento, a qual é o último dia em que o comprador pode exercer seu direito. Se ele não exercer até essa data, a opção expira, ou seja, perde a validade.

Existem dois tipos de opções: as de compra (call) e as de venda (put). As opções de compra dão o direito de comprar o ativo por um preço determinado. As opções de venda dão o direito de vender o ativo por um preço determinado.

Por exemplo, se você comprar uma opção de compra (call) da

Petrobras com vencimento em novembro e preço de exercício de R
$ 50, você terá o direito de comprar uma ação da Petrobras por R$
50 em novembro, mesmo que ela esteja valendo mais no mercado.
Mas você não é obrigado a exercer esse direito, você pode desistir
se quiser.

Elas podem ser usadas para diferentes fins, como proteger seus
investimentos contra quedas do mercado, ou para especular
buscando ganhos com as variações do preço do ativo. Mas elas
também envolvem riscos e custos, é importante estudar bem antes
de operar com elas.

Call e put: conceitos fundamentais

Opção de compra (call): Dá ao detentor o direito de comprar o ativo
subjacente a um preço pré-determinado (preço de exercício) até a
data de vencimento.

Opção de venda (put): Consiste no direito de vender o ativo
subjacente a um preço pré-determinado (preço de exercício) até a
data de vencimento.

Estratégias básicas com opções: compra e venda:

Compra de call: O investidor adquire uma opção de compra,
especulando que o preço do ativo subjacente irá subir no futuro.
Se o preço subir acima do preço de exercício, o investidor poderá
exercer a opção e lucrar com a diferença.

Compra de put: O investidor adquire uma opção de venda,
especulando que o preço do ativo subjacente irá cair no futuro. Se o
preço cair abaixo do preço de exercício, o investidor poderá exercer
a opção e lucrar com a diferença.

Venda de call: O investidor vende uma opção de compra, nesse
caso, ele assume a obrigação de vender o ativo subjacente, caso
o comprador opte por exercer o contrato. Essa estratégia é usada
quando se espera que o preço do ativo não suba acima do preço de
exercício. Se o titular não exercer, você ganha o valor da venda da

call.

Venda de put: O investidor vende uma opção de venda, assumindo a obrigação de comprar o ativo subjacente, caso o comprador opte por exercer o contrato. Essa estratégia é usada quando se espera que o preço do ativo não caia abaixo do preço de exercício, nesse caso se o titular optar por não exercer você também ganha o valor da venda da put.

A venda de call ou put pode ser coberta, ou descoberta. A venda coberta é quando você tem o ativo em carteira como garantia para a operação. Por exemplo, se você tem 100 ações da Petrobras e vende 100 opções de compra da Petrobras com strike de R$ 30, você está fazendo uma venda coberta de call. Se o comprador exercer a opção, você entrega as suas ações por R$ 30 cada uma e recebe o prêmio da venda da opção.

A venda descoberta é quando você não tem o ativo em carteira como garantia para a operação. Por exemplo, se você vende 100 opções de compra da Petrobras com strike de R$ 30 sem ter as ações da Petrobras em carteira, você está fazendo uma venda descoberta de call. Se o comprador exercer a opção, você terá que comprar as ações da Petrobras no mercado pelo preço que estiver e vendê-las por R$ 30 cada uma, arcando com o prejuízo.

A venda coberta é mais segura e rentável do que a venda descoberta, pois você limita o seu risco e garante um prêmio pela operação. A venda descoberta é mais arriscada e especulativa, pois você pode ter prejuízos ilimitados se o preço do ativo subir muito.

Caso você tenha uma determinada ação e esteja considerando vendê-la, você pode lançar uma call, se for exercido, executa a venda das ações pelo preço que queria, caso não seja, ganha o prêmio dessa venda.

Agora, supomos que queira comprar uma ação, mas tenha planejado pagar um preço mais baixo do que ela está, você pode lançar uma put, com o preço de exercício planejado, se for exercido, sua obrigação será comprar o papel, no entanto, pelo preço que planejou. Caso isso não aconteça, embolsa o valor dessa operação.

Para ficar mais claro, consideremos que a ação da Petrobras esteja R$ 30,00, mas você está disposto a pagar apenas R$ 26,00 por ela, então fará uma venda descoberta de put a R$ 26,00, o preço de cada opção é R$ 1,00. Nesse caso, se ela bater R$ 30,00, você será obrigado a comprar por esse valor, caso não chegar, o titular não exercerá e você ganhará R$ 100 nessa operação.

Resumindo, quem compra a opção (titular), esse que tem apenas o direito de exercer, se ele não quiser, pode optar por isso. Já quem vende a opção (lançador), tem a obrigação de cumprir, caso o titular opte por isso.

Nomenclatura e vencimentos

O código das opções é formado por 5 letras e 2 números. As quatro primeiras letras se referem ao ativo-objeto, sendo a ação sobre a qual a opção é derivada. Por exemplo, PETR para Petrobras, VALE para Vale, BBDC para Bradesco, etc.

A quinta letra indica o mês de vencimento e se a opção é de compra (call) ou de venda (put). As letras de A a L representam as opções de compra e as letras de M a X representam as opções de venda. Cada letra corresponde a um mês do ano, conforme a tabela abaixo:

Mês de vencimento	Opção de compra	Opção de venda
Janeiro	A	M
Fevereiro	B	N
Março	C	O
Abril	D	P
Maio	E	Q

Junho	F	R
Julho	G	S
Agosto	H	T
Setembro	I	U
Outubro	J	V
Novembro	K	W
Dezembro	L	X

Os dois números finais do código representam o preço de exercício da opção, o qual é o valor pelo qual o ativo-objeto será negociado se a opção for exercida. Por exemplo, PETRG28 é uma opção de compra de ação da Petrobras com vencimento em julho e preço de exercício de R$ 28,00. VALEN19 é uma opção de venda de ação da Vale com vencimento em fevereiro e preço de exercício de R$ 19,00.

Fatores que influenciam os preços das opções

Os preços das opções são influenciados por diversos fatores, como:

Preço do ativo subjacente: Quanto mais próximo o preço do ativo subjacente estiver do preço de exercício, maior será o valor intrínseco da opção.

Tempo até a data de vencimento: O tempo restante até a data de vencimento afeta o valor da opção. Quanto mais tempo disponível, maior a probabilidade de a opção se valorizar, por haver mais oportunidades para o preço do ativo subjacente atingir ou superar o preço de exercício.

Volatilidade do ativo subjacente: A volatilidade é a medida da variação dos preços do ativo subjacente. Quanto maior a volatilidade, maior será o preço das opções, ao existir uma maior probabilidade de o preço do ativo atingir ou exceder o preço de exercício.

Taxa de juros: As taxas de juros também podem influenciar os preços das opções. A relação é inversa: quanto maior a taxa de juros, menor o preço das opções, pois os investidores podem obter retornos mais altos em investimentos alternativos.

Dividendos: Se o ativo subjacente paga dividendos durante o período de detenção da opção, isso pode afetar o preço das opções. Normalmente, o valor das opções de compra diminui à medida que a data ex-dividendo se aproxima, enquanto o valor das opções de venda pode aumentar.

Gerenciamento de risco no mercado de opções

Gerenciamento de risco é uma parte crucial do investimento no mercado de opções. É importante entender os riscos associados a cada tipo de opção e como gerenciá-los para maximizar seus retornos e minimizar suas perdas.

Uma das principais maneiras de gerenciar o risco é por meio da diversificação. Isso significa investir em uma variedade de opções com diferentes características de risco para equilibrar seu portfólio. Por exemplo, você pode investir em opções com diferentes datas de vencimento, preços de exercício e ativos subjacentes.

Outra maneira de gerenciar o risco é em razão do uso de estratégias de hedge. Isso envolve a compra ou venda de opções para proteger sua posição contra movimentos adversos do mercado. Por exemplo, se você tem uma posição longa em uma opção de compra, pode comprar uma opção de venda para proteger contra uma queda no preço do ativo subjacente.

Além disso, é importante monitorar regularmente suas posições e ajustá-las conforme necessário para gerenciar o risco. Isso pode incluir a venda de opções que se tornaram muito arriscadas ou a compra de opções adicionais para proteger contra novos riscos.

Em resumo, o gerenciamento de risco é fundamental para o sucesso no mercado de opções. Mediante a diversificação, o uso de estratégias de hedge e o monitoramento regular das posições, os investidores podem gerenciar seus riscos e maximizar seus retornos.

20. MERCADO FUTURO

"O único lugar em que o sucesso vem antes do trabalho é no dicionário." - Vidal Sassoon

É um tipo de mercado no qual os investidores podem negociar contratos futuros de ativos financeiros, como ações, índices, moedas e commodities. Esses contratos permitem que os investidores se protejam contra flutuações de preços ou especulem sobre movimentos futuros do mercado.

Os investidores podem comprar ou vender contratos futuros com base em suas expectativas sobre o preço futuro do ativo subjacente. Por exemplo, se um investidor acredita que o preço de uma ação subirá futuramente, ele pode comprar um contrato dessa ação. Se o preço da ação realmente subir, o investidor pode vender esse contrato com um lucro.

Uma das principais vantagens do mercado futuro é a alavancagem. Isso significa que os investidores podem controlar grandes quantidades de ativos com uma pequena quantidade de capital. No entanto, isso também aumenta o risco, pois as perdas podem ser ampliadas se o mercado se mover contra a posição do investidor.

Além disso, oferece uma ampla variedade de ativos para negociação, permitindo que os investidores diversifiquem seus portfólios e gerenciem seus riscos. Também é possível negociar contratos futuros em diferentes prazos, desde contratos de curto prazo até contratos de longo prazo.

Em resumo, o mercado futuro é uma opção interessante para investidores que desejam se proteger contra flutuações de preços ou especular sobre movimentos futuros do mercado. No entanto, é importante entender os riscos associados à alavancagem e gerenciá-los adequadamente.

Exemplos de Mercado Futuro

Existem vários exemplos de contratos futuros negociados no mercado futuro. Alguns dos mais comuns são os de commodities agrícolas, como boi gordo, milho, café, soja e açúcar. Mas existem também contratos futuros de ativos financeiros, como os contratos de moedas, como dólar, euro e libra esterlina... Há, também, contratos futuros de índices de ações, como Ibovespa e S&P 500, assim como futuros de ações.

Na B3, a bolsa de valores brasileira, são negociados diversos contratos futuros em quatro grandes segmentos: juros, moedas, índices e commodities. Todos os contratos são padronizados e negociados no mercado de bolsa.

21. IMPOSTOS NA RENDA VARIÁVEL

"A diferença entre a morte e os impostos é que a morte não piora toda vez que Congresso se reúne." - Will Rogers

Quem investe na bolsa de valores precisa ficar atento às regras de tributação sobre os lucros obtidos com as operações de compra e venda de ações. Neste capítulo, você vai aprender como calcular e pagar o Imposto de Renda sobre os seus investimentos em renda variável, além de saber como declará-los na sua declaração anual.

Como calcular o Imposto de Renda sobre ações

O Imposto de Renda sobre ações é cobrado sobre o ganho líquido, ou seja, a diferença positiva entre o valor de venda e o valor de compra das ações, já descontadas as taxas e os custos operacionais.

A alíquota do imposto varia conforme o tipo e o prazo da operação realizada. Em geral, o imposto é de 15% para as operações comuns, onde a compra e a venda ocorrem em dias diferentes. Já para as operações de day trade, na qual a compra e a venda acontecem no mesmo dia, o imposto é de 20%.

Há também uma isenção do imposto para as vendas mensais de até R$ 20 mil em operações comuns, desde que não sejam day trade. Essa isenção vale apenas para pessoas físicas e não se aplica às operações com opções, contratos futuros e fundos imobiliários.

Como pagar o Imposto de Renda sobre ações

O pagamento do Imposto de Renda sobre ações deve ser feito mensalmente, até o último dia útil do mês seguinte ao da operação. Para isso, é preciso emitir um documento chamado

DARF (Documento de Arrecadação de Receitas Federais), o qual é uma espécie de boleto que pode ser pago em qualquer banco ou pela internet.

Para emitir o DARF, é preciso acessar o site da Receita Federal e preencher os dados solicitados, como o CPF, o código da receita (que varia conforme o tipo da operação), o período de apuração, o valor do imposto e a data de vencimento.

O código da receita para as operações comuns é 6015. Já para as operações de day trade, o código é 6016.

Como declarar o Imposto de Renda sobre ações

Além de pagar o imposto mensalmente, quem investe em ações também precisa declarar os seus investimentos na declaração anual do Imposto de Renda. Para isso, é preciso informar o saldo das suas aplicações em 31/12 do ano anterior e do ano atual, bem como os lucros ou prejuízos obtidos em cada mês.

A declaração dos investimentos em ações deve ser realizada na ficha "Bens e Direitos", sob o código 31. Nessa ficha, é preciso discriminar as informações sobre cada empresa que você possui ações, como o nome, o CNPJ, a quantidade e o valor das ações.

Já a declaração dos lucros ou prejuízos deve ser feita na ficha "Renda Variável", nas abas correspondentes ao tipo da operação (Operações Comuns/Day Trade, Mercado Futuro, etc.). Nessa ficha, é preciso informar os resultados mensais apurados em cada tipo de operação, bem como os impostos pagos ou compensados.

É importante guardar todos os documentos que comprovem as suas operações na bolsa, como as notas de corretagem e os extratos das corretoras. Esses documentos podem ser solicitados pela Receita Federal em caso de fiscalização.

Como calcular o imposto sobre vendas acima de R $ 20 mil

Quem vende mais de R$ 20 mil em ações no mesmo mês perde a isenção do imposto e precisa pagar 15% sobre o ganho líquido obtido nas operações comuns. Para calcular esse imposto, é preciso seguir os seguintes passos:

- Identificar o custo de aquisição das ações vendidas, somando o valor pago na compra com as taxas e os custos operacionais.
- Calcular o valor da venda líquida das ações, subtraindo do valor recebido na venda as taxas e os custos operacionais.
- Calcular o ganho líquido das vendas acima de R$ 20 mil, subtraindo o custo de aquisição do valor da venda líquida.
- Aplicar a alíquota de 15% sobre o ganho líquido e obter o valor do imposto a pagar.

Como calcular o imposto sobre opções

A tributação das opções segue as mesmas alíquotas das ações: 15% para operações comuns e 20% para operações day trade. No entanto, há algumas diferenças que devem ser observadas:

- As opções não contam com a isenção para vendas mensais de até R$ 20 mil. Portanto, qualquer lucro obtido com essas operações está sujeito ao imposto.
- As pções podem ser exercidas ou virar pó no dia do vencimento. Nesse caso, é preciso considerar o fechamento da opção como venda no valor de R$ 0 para o titular e como compra no valor de R$ 0 para o lançador.
- As perdas com opções podem ser compensadas com os lucros obtidos em outras operações da mesma natureza, caso sejam realizadas no mesmo mês.

Para calcular o imposto sobre as opções, é preciso seguir os seguintes passos:

- Identificar o custo de aquisição das opções compradas, somando o valor pago pelo prêmio com as taxas e os custos operacionais.
- Calcular o valor da venda líquida das opções vendidas, subtraindo do valor recebido pelo prêmio as taxas e os custos operacionais.
- Calcular o ganho líquido das opções, subtraindo o custo de aquisição do valor da venda líquida.
- Aplicar a alíquota de 15% ou 20% sobre o ganho líquido e obter o valor do imposto a pagar.

Por exemplo, suponha que você comprou uma opção de compra da ação A por R$ 1 com vencimento na data X e pagou R$ 0,10 de corretagem e R$ 0,05 de emolumentos. O custo de aquisição dessa opção foi de R$ 1,15.

Depois, você vendeu a mesma opção por R$ 2 antes do vencimento e pagou R$ 0,20 de corretagem e R$ 0,10 de emolumentos. O valor da venda líquida dessa opção foi de R$ 1,70.

O ganho líquido dessa operação foi de R$ 0,55 (R$ 1,70 - R$ 1,15). Como essa foi uma operação comum, você precisa pagar 15% de imposto sobre esse valor, ou seja, R$ 0,08.

22. GERENCIAMENTO DE RISCO E ESTRATÉGIAS DE INVESTIMENTO

"Eu acredito muito na sorte, e descobri que, quanto mais eu trabalho, mais sorte eu tenho." - Thomas Jefferson

Investir na renda variável pode trazer maiores oportunidades de lucro, mas também exige maior cuidado com os riscos. Por isso, é fundamental ter um gerenciamento de risco eficiente, ou seja, um conjunto de medidas e práticas que visam controlar e reduzir os riscos das aplicações financeiras.

O gerenciamento de risco na renda variável envolve alguns passos, como:

Definir o perfil de investidor: é preciso conhecer o seu nível de tolerância ao risco, seus objetivos financeiros e seu horizonte de investimento. Esses fatores vão ajudar a definir qual é a alocação ideal de renda variável na sua carteira e quais são os ativos mais adequados para o seu perfil.

Diversificar os investimentos: é preciso distribuir o dinheiro em diferentes tipos de ativos que tenham características e comportamentos distintos. A diversificação permite diluir o risco total da carteira e aproveitar as oportunidades do mercado. Além de diversificar entre renda fixa e renda variável, é preciso diversificar na própria renda variável, investindo em diferentes setores, empresas, mercados e modalidades.

Estabelecer limites de perda: é preciso definir quanto você está disposto a perder em cada operação e em cada ativo. Esses limites podem ser expressos em valores absolutos ou em percentuais. Eles permitem evitar que você assuma prejuízos maiores do que pode suportar. Uma ferramenta que pode ajudar nesse sentido é o stop loss, sendo uma ordem automática de venda quando o ativo atinge um determinado preço.

Monitorar o desempenho dos ativos: é preciso acompanhar o

comportamento dos ativos na renda variável e avaliar se eles estão conforme as suas expectativas e objetivos. Isso pode exigir ajustes na carteira, como trocar ou vender um ativo que não está performando bem ou comprar um ativo que está em alta. Também pode exigir a realização de lucros, ou seja, vender um ativo que já se valorizou bastante e garantir o ganho.

Além do gerenciamento de risco, é importante ter uma estratégia de investimentos na renda variável, ou seja, um plano de ação que oriente as suas decisões de compra e venda dos ativos. A estratégia deve considerar os seus objetivos financeiros, o seu perfil de investidor e as características dos ativos.

Estratégias de investimentos na renda variável

Buy and hold: Conforme já citado, é uma estratégia de longo prazo, que consiste em comprar e manter os ativos por um período prolongado, sem se preocupar com as oscilações do mercado. O objetivo é se beneficiar do crescimento das empresas e da valorização dos ativos no longo prazo. Essa estratégia requer uma análise fundamentalista dos ativos, ou seja, uma avaliação dos aspectos econômicos, financeiros e operacionais das empresas.

Trading: é uma estratégia de curto prazo, que consiste em comprar e vender os ativos em um intervalo de tempo reduzido, aproveitando as variações de preço no mercado. O objetivo é obter lucros rápidos e frequentes com as operações. Essa estratégia requer uma análise técnica dos ativos, ou seja, uma avaliação dos padrões gráficos e estatísticos dos preços.

Arbitragem: é uma estratégia na qual o investidor opera comprando e vendendo um mesmo ativo em mercados diferentes. A ideia é minimizar os riscos da renda variável e obter lucros com a diferença de preços em cada mercado. Essa estratégia requer uma boa capacidade de identificar oportunidades e agir rapidamente.

Gerenciar o risco e ter uma estratégia são passos essenciais para quem quer investir na renda variável com sucesso. No entanto, é preciso ter conhecimento do mercado financeiro e acompanhar o desempenho dos seus investimentos com frequência. Além disso, é preciso ter disciplina e paciência para suportar as oscilações do mercado e não tomar decisões precipitadas.

23. ALOCAÇÃO DE ATIVOS

"Investir em conhecimento sempre rende os melhores juros." - Benjamin Franklin

A lém de diversificar entre renda fixa e renda variável, é preciso diversificar na própria renda variável. Isso significa investir em diferentes tipos de ativos, como ações, fundos de ações, fundos multimercados, derivativos, commodities, moedas, etc. Também significa investir em diferentes setores da economia, empresas de diferentes portes e mercados de diferentes países.

Cada classe de ativo tem um nível diferente de risco e de retorno, e pode se comportar de forma diferente ao longo do tempo. Por exemplo, as ações tendem a ter maior volatilidade e maior potencial de ganho no longo prazo, enquanto os títulos de renda fixa tendem a ter menor volatilidade e menor potencial de ganho no curto prazo. Ao combinar diferentes classes de ativos em uma carteira, o investidor pode reduzir o risco total e aumentar a eficiência da carteira.

Suponha que um investidor tenha R$ 100 mil para investir e que ele tenha um perfil moderado, ou seja, que aceite um nível médio de risco em busca de um retorno maior do que a renda fixa tradicional. Além disso, suponha que ele tenha um objetivo de longo prazo, como a aposentadoria, e que ele queira diversificar os seus investimentos entre diferentes classes de ativos.

Uma possível distribuição de ativos para esse investidor seria:

- 30% títulos pós-fixados/Reserva de emergência
- 20% pré-fixados
- 20% IPCA
- 10% Fundos multimercados
- 20% Ações/Fundos imobiliários

Essa diversificação equilibrará o risco e o retorno da carteira, aproveitando as oportunidades de cada classe de ativo. A renda fixa oferece uma proteção contra as oscilações do mercado e uma rentabilidade previsível. A renda variável oferece um potencial de valorização maior no longo prazo e uma geração de renda passiva e a reserva de emergência oferece uma segurança para eventuais imprevistos e uma liquidez para aproveitar oportunidades.

Diversificar na renda variável é uma estratégia inteligente para quem busca maiores retornos no longo prazo sem correr riscos desnecessários. No entanto, é preciso ter conhecimento do mercado financeiro e acompanhar o desempenho dos seus investimentos com frequência.

A importância da educação contínua

Ser curioso, faminto por novos aprendizado e disciplina estão entre os fatores que vão facilitar muito a sua caminhada rumo a liberdade financeira. A educação contínua é essencial para quem deseja investir. Isso porque o mercado financeiro está em constante mudança e evolução, é preciso estar atualizado sobre as tendências, as oportunidades e os riscos que ele oferece. Além disso, permite que o investidor desenvolva suas habilidades e competências para tomar melhores decisões de investimento, baseadas em conhecimento e não em emoção. A educação contínua pode ser feita de diversas formas, como:

Ler livros, artigos, blogs e revistas sobre o mercado financeiro: essas fontes podem fornecer informações valiosas sobre os conceitos, as técnicas e as estratégias de investimento na renda variável, além de apresentar casos de sucesso e de fracasso de outros investidores.

Assistir a vídeos, podcasts e webinars sobre o mercado financeiro: esses meios podem oferecer conteúdos dinâmicos e interativos sobre o mercado financeiro, além de permitir que o investidor acompanhe a opinião e a experiência de especialistas e profissionais da área.

Fazer cursos, treinamentos e workshops sobre o mercado financeiro: essas modalidades podem proporcionar um aprendizado mais aprofundado e prático sobre o mercado financeiro, além de possibilitar que o investidor tire suas dúvidas e troque ideias com outros participantes e instrutores.

Participar de fóruns, comunidades e redes sociais sobre o mercado financeiro: esses espaços podem facilitar a comunicação e a interação entre os investidores, além de permitir que eles compartilhem informações, dicas, recomendações e opiniões sobre o mercado financeiro.

É um processo interminável. Quanto mais o investidor se educar sobre o mercado financeiro, mais ele estará preparado para investir na renda variável com confiança e segurança.

CONSIDERAÇÕES FINAIS

Separamos o livro em três partes para ao longo da leitura você ir construindo uma base solida de conhecimento. Não é necessário ser um expert em investimentos para ter lucros, mas é de extrema importância saber todos os conceitos e não ficar dependente de alguém, muito menos ser uma presa fácil para aqueles que querem apenas lucrar em cima de pessoas menos informadas.

Neste livro, você conheceu os fundamentos da renda fixa e variável, os principais tipos de investimentos, os benefícios e os desafios de cada um, as estratégias e técnicas de análise e as orientações para montar uma carteira diversificada e lucrativa.

Não existe um investimento melhor do que o outro, isso depende muito do seu objetivo, apetite a risco e prazo. O importante é diversificar bem e aproveitar a parte boa de cada modalidade. Sou particularmente apaixonado pela renda variável, que possui mais riscos, mas também mais oportunidades de multiplicar o seu patrimonio. Para isso, os estudos são constantes e infinitos para cada vez mais você aprender a diminuir riscos e aumentar os potenciais de lucro.

Espero que este livro tenha sido proveitoso para você começar ou melhorar os seus investimentos. Lembre-se que o mercado financeiro está em constante transformação e evolução, é preciso se manter informado e educado sobre as tendências, as oportunidades e os riscos que ele apresenta.

Esteja preparado para iniciar uma nova relação com o seu dinheiro!

Foi uma honra saber que você chegou até aqui, espero que seus lucros aumentem muito, te desejo excelentes investimentos!

SOBRE O AUTOR

André Vianna é assessor de investimentos, apaixonado pelo mercado financeiro. Desde 2008, ele vem estudando e aplicando os seus conhecimentos em diversos tipos de investimentos, buscando sempre a melhor rentabilidade e a maior segurança. Ele é formado na Universidade Estadual de Londrina, com pós-graduação e MBA pela Fundação Getúlio Vargas (FGV), uma das instituições mais renomadas do país. Além de investir, ele também se dedica a compartilhar os seus aprendizados e experiências com outras pessoas, por meio de palestras e livros. Ele é autor de dois livros sobre investimentos: "Liberdade financeira com a renda variável: o guia completo para você aumentar sua renda de forma simples e segura" e "Prazer, dinheiro: como investir com inteligência emocional e alcançar a liberdade financeira". Em seus livros, ele ensina conceitos, estratégias e dicas práticas para quem quer começar ou melhorar os seus investimentos, de forma simples, didática e divertida. O André é um entusiasta permanente do estudo sobre como a psicologia e as emoções impactam as decisões financeiras. Acredita no poder da inteligência emocional para ajudar as pessoas a tomarem decisões de investimento mais conscientes e equilibradas. Seu propósito é apoiar quem deseja investir melhor, encontrar o equilíbrio entre aproveitar o presente e se preparar para o futuro, e, assim, alcançar uma vida mais próspera.